これからはじめる
在宅勤務制度

導入の**ステップ**と適正な**労務管理**

毎熊典子 著
Maikuma Noriko

中央経済社

はしがき

「かつて，インターネットやモバイルがなかった時代には，多くの人が同じ部屋に同時に集まり，一緒に仕事をしなければ，ほとんどの作業が進まなかった。しかし，今や情報技術が大きく進展し，異なる空間にいても，ネットを通じてコミュニケーションをすることができるし，共同作業をすることが可能である。また，必ずしも同時刻に作業をしなくても，ネットワーク上に作業の記録を残しておくなど工夫をすることで，共同作業もできるようになった。こうした流れは2035年に向けてさらに進むことになる。」

これは，厚生労働省が2016年8月に公表した「働き方の未来2035：一人ひとりが輝くために」懇談会報告書の一節です。確かに，インターネットの商用利用が始まった1993年以前と比べて，私たちの働き方は大きく様変わりしています。そして，情報技術や AI などの科学技術の急速な進展により，この流れは今後さらに加速していくものと思われます。

このような状況下において，近年，在宅勤務制度を導入する企業が増えています。2011年に東日本大震災が発生した際には，災害時の BCP 対策として，在宅勤務制度の導入を検討する企業が一時的に増えましたが，その後はあまり広がりを見せませんでした。しかし，労働人口の急速な減少により人材の確保が年々難しくなるなかで，育児・介護を理由とする離職の防止や業務の効率化等を目的として在宅勤務制度を導入する企業が2年ほど前から増加傾向にあります。いち早く在宅勤務制度を導入した企業では，労働生産性の向上や従業員満足度の向上を実現しているところが少なくありません。新聞や雑誌等で取り上げられたり，テレワーク推進企業と

して厚生労働大臣による表彰を受けたりする企業の例もあり，そうした導入済み企業の成功事例は，在宅勤務制度が注目される一因となっているものと思われます。「働き方改革」を最重要課題と位置付ける政府も，在宅勤務をはじめとするテレワークの普及・促進に積極的に取り組んでおり，助成金の支給や専門家によるサポートなど，導入企業に対して様々な支援を行っています。

これまでのところ，大企業の導入事例が目立っていますが，在宅勤務制度は，けっして大企業だけが導入可能なものではありません。在宅勤務制度の導入は，働き方改革のなかでも比較的導入のハードルが低く，中小企業にも可能なものです。かえって，規模が小さい中小企業のほうが大企業よりも導入しやすく，導入による効果が感じられやすいという面もあります。また，最近の就活生の間では，会社の規模や年収よりも働きやすさを重視する傾向が認められ，若手社員の確保に苦慮している中小企業こそ，在宅勤務制度を導入するメリットが大きいともいえます。

ただ，企業規模の大小にかかわらず，「自宅で仕事をする」というこれまでになかった働き方を新たに社内制度として導入するにあたっては，「労働時間の管理はどのように行うのか」，「情報セキュリティの確保はどうするのか」，「社内規程の見直しは必要か」など，検討すべき課題も少なくありません。

そこで，在宅勤務制度の導入に興味をお持ちの企業の皆様の参考になるようにと，1年ほど前から本書の執筆を始めたところ，途中，政府の「働き方改革実行計画」の方針を受けて厚生労働省に設置された「柔軟な働き方に関する検討会」において，在宅勤務に関わる従前のガイドライン（「情報通信機器を活用した在宅勤務の適切な導入及び実施のためのガイドライン」）の見直しが行われることになり，本書の執筆も一時的に中断せざるを得なくなりました。平成30年2月22日に新ガイドライン，「情報通信技

術を利用した事業場外勤務の適切な導入及び実施のためのガイドライン」（巻末資料に掲載）が公表され，ようやく本書を書き上げることができました。

　本書では，新しいガイドラインを踏まえ，在宅勤務制度を導入するに当たり検討すべき事項や，導入の手順，労務管理体制や社内規程の整備，さらに在宅勤務制度を実効性あるものとして運用するうえで留意すべきポイントについて，在宅勤務制度導入済み企業の事例を紹介しながら，できるだけわかりやすくまとめました。本書が在宅勤務制度に対する理解を深め，導入に際しての一助となりましたら幸いです。

　本書の執筆にあたりインタビューや資料提供等にご協力いただきました企業の皆様，そして，本書の刊行の機会をくださり，多大なご理解とご尽力を賜りました中央経済社法律編集部の川副美郷氏に，心より御礼申し上げます。

　最後に，これまでも，これからも，私を応援してくれる仲間，恩師，お客様，そして家族に，心から感謝の意を表します。

平成30年6月

特定社会保険労務士　**毎熊　典子**

目　　次

第1章　働き方改革としての在宅勤務の導入 ───── 1

1　テレワークの一形態としての在宅勤務 ……………… 1

2　テレワークの導入状況 ……………………………………3

3　在宅勤務を導入する企業が増えている理由 …………… 5

4　在宅勤務導入に期待される効果 …………………………8

 (1)　労働生産性の向上・8

 (2)　女性のキャリアアップ推進・10

 (3)　介護離職の防止・12

 (4)　障害者就労の推進・12

 (5)　治療と仕事の両立支援・13

 (6)　通勤困難者の遠隔地雇用・13

 (7)　BCP 対策・14

 (8)　事業運営コストの削減・14

 (9)　コンプライアンスの推進・15

 (10)　企業ブランドの向上・15

5　在宅勤務導入にあたっての課題 ……………………… 16

6　従業員にとってのメリット ………………………………17

7　在宅勤務導入の社会的意義 ………………………………19

 (1)　労働力人口減少の緩和・19

 (2)　防災機能の向上・19

⑶　環境負荷の軽減・20

⑷　地域活性化・20

8　在宅勤務導入済み企業による取組み ································· 21

9　中小企業による在宅勤務導入への取組み ····························· 25

第2章　在宅勤務の導入手順 ─────────── 33

1　導入目的の明確化 ·· 34

2　現状の把握 ·· 36

⑴　プロジェクトチームの設置・36

⑵　業務の棚卸・38

3　実施対象範囲の決定 ·· 38

⑴　実施対象者の選定・39

⑵　対象業務の選定・42

⑶　実施頻度・44

4　教育・研修の実施 ·· 44

5　試行的実施と問題点の確認・解消 ································ 46

第3章　労務管理体制見直しのポイント ────── 49

1　雇用型テレワークガイドラインに則った労務管理体制
の必要性 ·· 49

2　労働時間の管理 ·· 51

⑴　在宅勤務に適用可能な労働時間制・51

⑵　「労働時間の適正な把握のために使用者が講ずべき措置に関

目　次　Ⅲ

　　　　　するガイドライン」の遵守・53

　　(3)　在宅勤務者の始業・終業時刻の確認・54

　　(4)　中抜け時間の取扱い・56

　　(5)　移動時間の取扱い・57

　　(6)　フレックスタイム制・63

　　(7)　事業場外みなし労働時間制・67

　　(8)　専門業務型裁量労働時間制・69

　　(9)　企画業務型裁量労働時間制・70

　　(10)　休憩時間の取扱い・72

　　(11)　時間外労働・休日労働の管理・73

　　(12)　長時間労働の防止対策・74

3　健康管理 ……………………………………………………… 77

4　作業環境の整備 ………………………………………………… 78

5　労働保険・社会保険の適用 …………………………………… 81

6　労災保険 ………………………………………………………… 82

7　在宅勤務者の評価 ……………………………………………… 83

8　在宅勤務時に発生する費用の負担 …………………………… 88

9　社内教育等の取扱い …………………………………………… 90

第4章　ICT 環境の整備とセキュリティ対策 ──────── 91

1　現行のシステム環境の確認 …………………………………… 91

　　(1)　利用端末の確認・91

　　(2)　ネットワーク回線の確認・92

2　社内システムへのアクセス方法の選択 ……………………… 93

⑴　仮想デスクトップ方式・93

　　⑵　クラウドアプリ利用方式・94

　　⑶　リモートデスクトップ方式・95

　　⑷　会社の端末持ち帰り方式・96

　3　コニュニケーション手段の検討 ……………………… 97

　4　業務管理ツールの導入 ………………………………… 98

　　⑴　勤怠管理ツール・98

　　⑵　在席管理ツール・99

　　⑶　情報共有ツール・99

　5　情報セキュリティ対策の重要性 ……………………… 100

　6　ルールの策定 …………………………………………… 102

　　⑴　情報セキュリティポリシー・102

　　⑵　在宅勤務時のセキュリティルール・102

　7　教育・研修の実施 ……………………………………… 104

　8　技術的情報セキュリティ対策 ………………………… 109

　　⑴　アクセスの管理・制限・109

　　⑵　暗号化による管理・110

　　⑶　ウイルス対策・110

　　⑷　安全なネットワーク・111

　9　物理的情報セキュリティ対策 ………………………… 111

第5章　在宅勤務のための規程整備 ──────── 113

　1　就業規則見直しの必要性 ……………………………… 113

　2　「在宅勤務規程」作成のポイント …………………… 118

⑴　在宅勤務導入目的の明記・118

⑵　在宅勤務適用対象者の範囲・119

⑶　在宅勤務で行う業務の範囲・121

⑷　在宅勤務の申請手続き・122

　　書式例　在宅勤務許可申請書・124

　　書式例　執務環境等申請書・125

　　書式例　在宅勤務許可書・127

⑸　在宅勤務の実施期間・128

⑹　在宅勤務時の就労場所・129

⑺　在宅勤務時の労働時間・130

⑻　在宅勤務者の処遇・135

⑼　在宅勤務時に使用する情報通信機器・136

⑽　在宅勤務時の情報セキュリティ・137

⑾　在宅勤務時の費用負担・138

⑿　在宅勤務時の連絡体制・139

⒀　在宅勤務者の教育・訓練・140

⒁　モニタリング・140

　　規程例　在宅勤務規程・142

3　「個人端末業務利用規程」の作成 ………………………………… 149

⑴　BYOD 黙認のリスク・149

⑵　BYOD 規程作成のポイント・149

⑶　誓約書の取得・151

　　規程例　個人端末業務利用規程・153

　　書式例　個人端末の業務利用に関する誓約書・157

働き方改革は制度を作って終わりではない ── 159

- 課題1　育児・介護期の従業員支援を目的として在宅勤務を導入したが利用者が一向に増えない・160
- 課題2　部署によって利用率に大きく差がでる・162
- 課題3　利用希望者が増えるにつれて，在宅勤務者の仕事を探すことが難しくなる・164
- 課題4　在宅勤務を利用できない従業員の間で不公平だという声がある・165
- 課題5　在宅勤務者の評価が難しいという管理職層が多い・167
- 課題6　在宅勤務だと業務効率が下がる者がいる・168
- 課題7　在宅勤務だと過重労働になりがちな者がいる・170
- 課題8　在宅勤務だと職場の状況がわからなくて不安になるという声がある・171
- 課題9　管理職の在宅勤務は担当部署の業務効率に影響しそうで心配だ・173
- 課題10　台風の日に在宅勤務を実施したところ，ほとんど機能しなかった・175
- 課題11　在宅勤務時の情報セキュリティ対策が適切に行われているか心配だ・176
- 課題12　在宅勤務用ツールの導入は必要か・178
- 課題13　在宅勤務に適した環境の整備に費用がかかる・180

PICK UP

育児休業期間中の在宅勤務・11
副業・兼業と自営型テレワークガイドライン・50
プレゼンス管理ツールの活用・55
労働基準法改正によるフレックスタイム制の見直し・66

育児・介護休業法に基づく短時間勤務者に適用する労働時間制・71

「つながらない権利」・76

HRテック，AIと在宅勤務・87

「ワーケーション」という働き方・184

巻末資料

1　情報通信技術を利用した事業場外勤務の適切な導入及び実施のためのガイドライン・185

2　労働時間の適正な把握のために使用者が講ずべき措置に関するガイドライン・202

3　VDT作業における労働衛生管理のためのガイドラインの概要（抜粋）・207

企業名索引・211

第1章

働き方改革としての在宅勤務の導入

1　テレワークの一形態としての在宅勤務

　安倍内閣が働き方改革のテーマの一つとして取り上げた3，4年前から，テレワークに対する関心が高まっています。テレワークとは，ICT（Information and Communication Technology；情報通信技術）を活用した時間や場所にとらわれない働き方のことをいいます。「遠い・離れて」という意味のテレ（Tele）と，「働く・仕事」という意味のワーク（Work）を組み合わせた造語で，「離れたところで働くこと」をいいます。もともとは，1970年代にアメリカのロサンゼルス周辺で，マイカー通勤による交通混雑や大気汚染の緩和を目的として始まったといわれています。

　テレワークには様々な形態がありますが，主な要素となる「就業形態」と「就業場所」により分類することができます。就業形態による分類では，「雇用型」と「自営型」に分けられ，企業が雇用する従業員が行うテレワークを「雇用型テレワーク」，個人事業主などが自ら行うテレワークを「自営型テレワーク」といいます。

　他方，就業場所による分類では，「在宅型」，「モバイル型」，「サテライト型」の3つに分けられます。在宅型テレワークとは，自宅を就業場所とする働き方のことです。在宅型テレワークのうち，雇用型テレワークを

「在宅勤務」，自営型テレワークを「在宅ワーク」といいます。

　また，モバイル型テレワークは，電車や車，飛行機などの交通機関による移動中，あるいは取引先や出張先，ホテル，喫茶店などで，施設に依拠することなく，ノートパソコンやスマートフォン，タブレットなどの携帯用端末を利用して，仕事をする働き方のことをいいます。最近では，15分100円程度で利用できるコワーキングスペースなどを利用する人も増えています。

　サテライト型テレワークは，雇用型におけるサテライトオフィスやスポットオフィスなど，通常仕事をする職場とは異なる施設を就業場所とする働き方や，自営型におけるSOHOや共用のシェアオフィスなどを活用した働き方のことをいい，そのオフィススペースの契約形態によって「専用型」と「共用型」に分類されます。

図表1-1　テレワークの分類

		就業場所			
		在宅型	モバイル型	サテライト型	
就業形態	雇用型	在宅勤務	モバイルワーク	専用型	サテライトオフィス勤務 スポットオフィス勤務
				共用型	シェアオフィス コワーキングスペース
	自営型	在宅ワーク	ノマドワーク	専用型	SOHO
				共用型	シェアオフィス コワーキングスペース

　テレワークは，実施頻度により分類されることもあります。ほとんどの就業日にテレワークを実施する形態を，「常時型テレワーク」，あるいは「完全テレワーク」，「フルタイムテレワーク」などといいます。他方，実施頻度が月に数回あるいは週1～2回，また，午前中だけ，午後だけと

いったように，テレワークで働く時間や頻度が通常の勤務場所での就労に比べて少ない形態を「随時型テレワーク」，あるいは「部分テレワーク」，「パートタイムテレワーク」などといいます。

このように，一口にテレワークといっても様々な形態があります。在宅勤務は，テレワークの一形態であり，常時自宅で仕事をする働き方だけでなく，通常の勤務場所での勤務と自宅での勤務を併用する働き方も含まれるものです。実際，在宅勤務を導入済みの企業では，月に数回，あるいは週に1，2日程度の範囲で在宅勤務が利用されていることが一般的です。

図表1-2　雇用型テレワークの形態

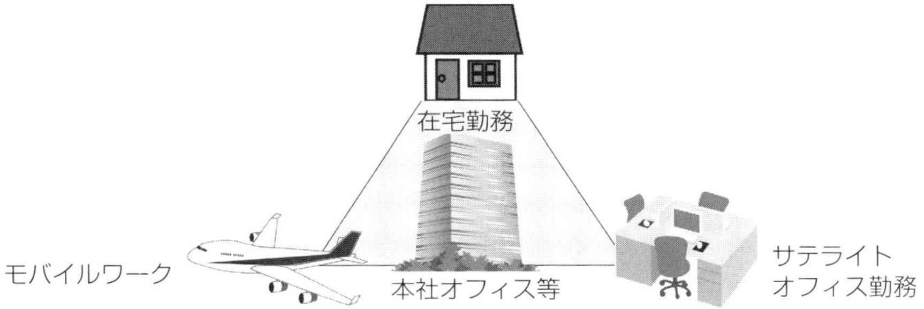

モバイルワーク　　本社オフィス等　　サテライトオフィス勤務　在宅勤務

2　テレワークの導入状況

日本企業のテレワーク導入率は，テレワーク先進国である米国と比べると，まだまだ高くはありません。総務省の「平成29年版通信利用動向調査」によると，2016年9月末時点でテレワークを導入している企業の割合は，13.3％です。ただ，テレワーク導入率の移動平均を見てみると，テレワークを実施している企業が近年上昇傾向にあることがわかります。

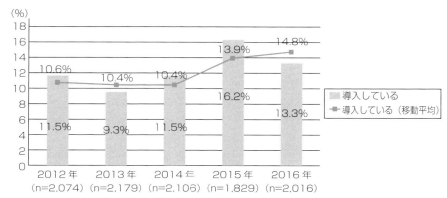

図表1-3　企業におけるテレワーク導入率

（出典）　総務省「通信利用動向調査」（2016年）。

　テレワークへの取組みは，従業員規模の大きい企業ほど進んでいます。総務省の「ICT利活用と社会的課題解決に関する調査研究」（平成29年）によると，テレワーク導入済み企業は，従業員数100人以下の企業では，わずか3.1％にすぎませんが，301人以上の企業では20.4％と5社に1社が導入している状況です。また，導入済み企業と，「テレワーク導入について検討している」，または「検討していないが関心がある」という企業をあわせた割合は，従業員数50人以下では約1割であるのに対し，従業員数301人以上の企業では4割強となっています。

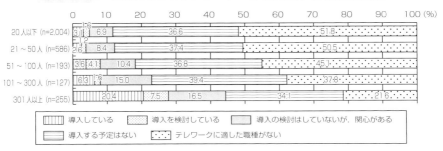

(出典) 総務省「ICT利活用と社会的課題解決に関する調査研究」(平成29年)。

3　在宅勤務を導入する企業が増えている理由

　最近，新聞やビジネス誌などで，在宅勤務を導入した企業の記事を目にすることが多くなっています。政府が本腰を入れて働き方改革に取り組む中で，ほとんどすべての企業がこれまでの働き方を見直すことを迫られていますが，働き方改革の一環として，在宅勤務を導入する企業が増えている背景には，多くの企業が直面している人手不足の問題があります。

　日本では，出生率の減少と長寿化による少子高齢化が進み，生産年齢人口[1]が年々大幅に減少しつつあります。日本の生産年齢人口は，2015年には7,629万人でしたが，2030年には6,875万人に減少し，さらに2060年には4,793万人にまで減少すると予測されています。現時点においても，人材の需給状況に関して，人材が不足していると感じている企業は，6割弱にのぼっています。

　生産年齢人口が急速に減少する中で，企業が成長し続けるには，女性，

1　年齢別人口のうち労働力の中核をなす15歳以上65歳未満の人口層。

高齢者，障害者など，これまで充分に活用することができていなかった人材を含め，誰もが働きやすい環境を整えて人材を確保し，かつ，従業員一人ひとりの労働生産性を向上させることが重要課題となっています。このような状況下において，働き方の選択肢を増やし，誰もが働きやすい環境を整備するための方策として，在宅勤務の導入を検討する企業が増えているものと思われます。

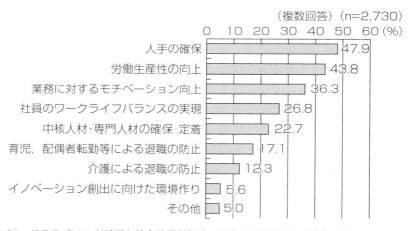

図表1-5　働き方改革に取り組む理由

(出典)　総務省「ICT利活用と社会的課題解決に関する調査研究」(平成29年)。

その一方で，在宅勤務を実施しやすいICT環境が整ってきたことも，在宅勤務を導入する企業が増えている理由の一つであると思われます。個人情報の保護に対する社会的意識が高まる中，企業は，情報セキュリティについて厳格な対応を求められるようになっていますが，在宅勤務の導入を検討するうえでも，情報セキュリティの確保は重要課題となります。情報セキュリティを確保したICT環境の構築方法については，以前は，パソコン本体にデータを保存できないシンクライアントパソコン[2]を使用し

たり，公衆回線を経由した組織内ネットワーク（VPN[3]）を構築すること
などが主流であったため，多額の費用が必要とされていました。しかし，
2007年頃からは認証用 USB キーを使って端末を遠隔操作する仮想デスク
トップシステム[4]やリモートデスクトップシステム[5]などが普及し始め，
多額の費用をかけることなく，パソコンにデータを残さずに社外でも安全
かつ簡単に業務を行える環境を構築できるようになりました。

　最近では，クラウドコンピューティングの利用も拡大しています。クラ
ウドコンピューティングは，コンピュータ内のハードウェアの機能やソフ
トウェア・データをインターネット上のサーバーに移行させ，それらを必
要に応じて必要な分だけを利用するコンピュータの利用形態のことをいい
ます。通常，企業の業務用システムへアクセスするためには，特別なソフ
トウェアの利用が必要とされますが，クラウドコンピューティング事業者
が提供するクラウドサービスを利用することで，インターネットへの接続
環境と Web ブラウザ機能さえあれば，パソコン，スマートフォン，タブ
レットなどの端末を使って，どこからでも簡単にアクセスすることができ，
電子メールの送受信，スケジュール管理，顧客管理，経理処理などの業務
のほか，テレビ会議や WEB 会議なども行うことができます。さらに，業
務用端末でのアプリケーションの利用を制限したり，端末を紛失した際に
遠隔操作で端末内のデータを消去するなど，モバイルデバイス管理
（MDM[6]）も可能となっています。在宅勤務を含めたテレワークの実施を

2　シン（thin）は，薄い・細い・わずかなという意味で，サーバーにデータやアプリケー
　ションを一元管理させて，LAN や入出力・画面表示だけの必要最低限の機能をもたせた
　パソコンのこと。
3　Virtual Private Network の略。
4　仮想化ソフトを使ってサーバー上に複数の仮想マシンを稼働させ，利用者固有のデスク
　トップ環境を実現する仕組み。
5　クライアント用ソフトウェアをインストールすることで，ネットワークを通じて他の
　PC からデスクトップ PC を操作できる仕組み。

容易にするクラウドサービスは，年々増え続けています。クラウドサービスの利用は，初期導入費用が少なくてすみ，運用コストもさほどかかりません。月々の利用料を支払って利用する形態が一般的ですが，中には無料で利用できるものもあります。

通信環境についても，ブロードバンドサービスが普及した今日では，ほとんどの業務をストレスを感じることなく自宅で行うことが可能であり，在宅勤務を実施しやすい ICT 環境がほぼ整っている状況にあるといえます。

4　在宅勤務導入に期待される効果

企業が在宅勤務の導入に期待する効果は，様々ですが，主に次のものがあげられます。

(1)　労働生産性の向上

在宅勤務は，従業員の労働生産性向上のための方策の一つとして期待されています。生産年齢人口の減少により生産力が低下する状況下において，企業が発展し続けるためには，労働者1人当たり，労働1時間当たりに生み出される成果の量，すなわち「労働生産性」の向上を図る必要がありますが，在宅勤務は，様々な面において，労働生産性の向上に役立ちます。

たとえば，在宅勤務の導入に伴う「業務プロセスの見直し」は，企業にとって労働生産性向上の鍵となるものといえます。書類や記録の電子化によるペーパーレス化を図り，情報をネットワーク上で共有できる環境を整備し，業務の棚卸をして，業務プロセスの見直しを行うことで，無駄な業務や省略可能な業務が特定されたり，業務遂行の方法や社内手続きの改善

6　Mobile Device Management の略。

が図られるなど，業務の効率化や意思決定の迅速化が実現されます。

　また，在宅勤務により「通勤地獄」から解放され，通勤による心身の負担がなくなることで，集中力が高まり，効率的に業務を行えるようになります。一時的な怪我や，異常気象による交通機関の乱れなどで，「通勤は難しいが仕事はできる」というような状況においても，在宅勤務を利用して従業員が自宅で仕事をすることができれば，従業員の安全を確保しつつ，効率的に業務を進めることができるようになります。

　企画の立案やデータ分析，資料作成などの業務も，周囲の話し声や電話などに邪魔されることなく，静かな環境で集中して仕事に取り組むことができれば，イノベーションが促進されて，新しいアイディアが生まれたり，集中して計画的に業務を行うことで労働時間が短縮されることが期待できます。

　外回りの多い営業担当者の場合，取引先との打ち合わせに直行直帰し，報告書の作成等を在宅勤務で行うことができれば，移動にかかる時間が短縮され，その分，労働時間が短縮されます。

　海外企業との電話会議などの業務では，時差の関係で早朝や夜間の対応が必要となりますが，在宅勤務を利用して出勤前あるいは帰宅後に自宅で対応することができれば，会社での待機時間が不要となり，労働時間が短縮され，従業員の身体的・精神的負担も減らすことができます。

　さらに，通勤時間の削減や労働時間の短縮により空いた時間を利用して，資格試験に挑戦したり英会話を学んだりなど，自己啓発に取り組む従業員が増えれば，一人ひとりのスキルが向上することが期待できます。

　なお，総務省の「ICT利活用と社会的な課題解決に関する調査研究」（平成29年）によると，テレワーク導入済み企業のうち，労働生産性向上を目的としてテレワークを導入した企業の割合はおよそ6割で，そのうち8割以上の企業において導入による効果が確認されています。

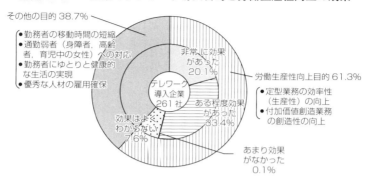

図表1-6　企業のテレワーク導入目的と労働生産性向上の成果

（出典）　総務省「通信利用動向調査」（2016年）より作成。

(2) 女性のキャリアアップ推進

　企業にとって，女性の活用は重要課題となっています。日本は，女性の能力が活かされていない国として先進国の中で最下位に位置しています。国際通貨基金（IMF）のクリスティーヌ・ラガルド専務理事は，「日本には未活用のよく教育された女性労働力という，すごい潜在成長力がある」と，「女性の活躍」が日本経済成長のカギであると指摘しています。

　日本では，結婚や出産・育児を理由に離職する女性が6割強いますが，その中には，「本当は働き続けたいけれど，長時間労働が当たり前の職場では，家事や育児と仕事を両立しながら働き続けることは難しい」と考えて退職してしまう人が少なくありません。

　また，育児中の女性が補助的な仕事ばかり与えられて働く意欲を失ってしまったり，残業前提のフルタイム勤務に戻ることができないまま30歳前後の大事な時期を過ごしてしまい，その結果，キャリアを積むことができず，管理職に昇進できないなど，いわゆる「マミートラック」の問題もあります。マミートラックが働く女性に及ぼす心身の負担は大きく，モチ

ベーション低下の要因ともなっています。

　在宅勤務は，女性の就業の妨げとなっている要因を排除し，育児離職の防止，女性のキャリアアップ推進を図る方策の一つとして期待されています。在宅勤務導入済み企業においても，育児休暇中の女性ができるだけ早期に復職できる環境を整え，育児期にある女性のフルタイム勤務が可能となる環境を整えるための方策として，在宅勤務が利用されています。

PICK UP　育児休業期間中の在宅勤務

　育児休業中の従業員が在宅勤務で働くケースが増えています。育児・介護休業法上の育児休業は，その期間の労務提供義務を消滅させる制度であるため，恒常的・定期的に就労する場合は，育児休業をしていることになりません。しかし，月80時間の範囲内であれば，就業日数にかかわらず，育児休業給付金＊を受給しながら，一時的・臨時的に就労することが可能です（ただし，育児休業給付金と給与を合わせた額が育児休業開始前の賃金の80％を超える場合は，超えた分について育児休業給付金の額が調整されます）。

　在宅勤務を活用した一時的・臨時的な働き方としては，月次会議に WEB 会議システムを使って参加する，突発的に発生したトラブルへの対応を電話やメールでサポートする，人員体制的に他のメンバーに引き継ぐことが難しい業務についてのみ在宅勤務で行う，記事の作成や取材対応などの属人的な要素が強い業務を無理のない範囲で行うなどがあげられます。

　育児休業開始当初は育児に専念し，少し落ち着いてきたら1日に1，2時間だけ在宅勤務で仕事をし，慣れてきたら1日の就労時間を4時間くらいまで延ばし，出社する日も少しずつ増やしていく，そうした働き方を選択することができれば，育児休業からの復帰もスムーズに運ぶことが期待できます。

　育児休業期間中の在宅勤務は，従業員にとって収入アップや職場復帰への準備につながるだけでなく，企業にとっても，代替人員を確保したり，業務を外注したりする手間やコストが不要となり，従業員の育児休業からの早期復帰が期待できるなど，従業員と企業の双方にとってメリットがあることから，今後も広がっ

ていくものと思われます。

＊育児休業給付金：最長で子どもが１歳６か月になるまで，当初の６か月は育児休業開
　始前の賃金の67%が，その後は50%が雇用保険から支給される。

(3)　介護離職の防止

　少子高齢化が進展する中で，家族を介護するために退職を余儀なくされ
る人は少なくありません。厚生労働省の調査によると，介護を理由とする
離職者は，2012年の時点で年間10万人にものぼっています。2020年には団
塊の世代が75歳に到達し，要介護者が急増することが予想されていますが，
その子供である団塊ジュニアは未婚率が高く，兄弟姉妹の数も少ないため，
家族内で介護を分担することが難しいと考えられます。そのため，介護を
理由に離職する人は，今後さらに増えるものと思われます。40代，50代の
親の介護に直面する世代の介護離職は，従業員本人やその家族が経済的生
活基盤を失うだけでなく，企業としても大切な人材を失うことになります。
在宅勤務は，仕事と介護の両立を可能にし，人材流出を防止するための施
策として役立つものと考えられています。

(4)　障害者就労の推進

　「障害者の雇用の促進等に関する法律」の改正により，民間企業の障害
者の法定雇用率は，2018年４月から2.2%（45.5人に１人）に引き上げられ，
さらに３年以内に2.3%（43.5人に１人）になることが決まっています。常
用雇用労働者[7]100人超の企業は，障害者雇用納付金制度の対象となって
おり，不足している障害者数によって納付金を納めなければなりませんが，

7　正社員だけでなく短時間労働者を含む。

企業の在り方としては，障害者が十分に社会参加できる「共生社会」の実現に積極的に取り組むことが求められます。在宅勤務の導入により，通勤が困難な障害者が自宅で働けるようになることで，障害者雇用の可能性が大きく広がることが期待できます。

(5) 治療と仕事の両立支援

　日本では2人に1人ががんを患い，3人に1人ががんで死亡するといわれています。また，労働者の3人に1人が何らかの疾病を抱えながら働いており，「仕事をしながら治療を継続することが難しい」，「職場の理解や支援が乏しい」などの理由から離職する人が約3割いるとされています。そのため，病気による離職の防止を目的として，平成28年2月に厚生労働省から「事業場における治療と職業生活の両立支援のためのガイドライン」が出されました。同ガイドラインが企業に求める「両立支援に関す制度・体制等の整備」には，休暇制度や勤務制度の整備，相談窓口の設置，治療費用の一部負担など様々なものがありますが，在宅勤務は，治療と仕事の両立を望む従業員を支援する勤務制度として期待されています。

(6) 通勤困難者の遠隔地雇用

　配偶者の転勤や事業場の移転などにより，自宅から会社までの距離が離れてしまったことで通勤が困難になり，離職せざるを得ない従業員に対して，在宅勤務という選択肢を提示することができれば，雇用の維持が可能になります。また，在宅勤務を適用することにより，都市部の企業が地方に在住する人材を雇用したり，逆に地方の企業が都市部に在住する人材を雇用することが可能となれば，人材採用の対象者の範囲が広がります。

(7) BCP 対策

　日本では地震に限らず，台風，大雪，竜巻など異常気象による自然災害が増えており，その度に交通機関が乱れ，企業は出勤できない従業員の対応に追われています。2011年に東日本大震災が発生した際には，建物の倒壊など直接的被害が発生していないにもかかわらず，従業員が出勤できないために事業を継続できない企業が東北や関東を中心に続出しました。

　官公庁や自治体では，従来より自然災害やパンデミック（感染症などの世界的な流行），テロなどの異常事態が発生した場合において，中核となる業務を可能な限り継続し，できるだけ短期間で通常に近い状態に回復させるべく，BCP（事業継続計画）に力を入れていますが，企業においても，BCP対策の必要性が認識されるようになっています。そのような状況の中で，在宅勤務は，従業員の安全や健康を確保しつつ，事業を継続し，企業経営や経済活動への打撃を最低限に抑えることを可能とする働き方として注目されています。

(8) 事業運営コストの削減

　オフィスコストはどの企業にとっても大きな負担になっていると思われます。在宅勤務の導入によりオフィススペースの縮小が図られれば，賃料コストだけでなく，冷暖房や照明などのオフィス環境の維持にかかるコストも削減できます。

　また，在宅勤務の利用回数が多い従業員の通勤費を実費ベースで支給することもコストダウンにつながります。

　このほか，社内のペーパーレス化に伴うコピー機や用紙にかかる費用の削減，書類を保管するスペースの削減など，在宅勤務の導入により，事業運営コストの長期的な削減が期待できます。

(9)　コンプライアンスの推進

　政府が働き方改革に本腰を入れて取り組む中，在宅勤務の導入は，労働時間の短縮や年休取得率の向上，法律で定められている障害者雇用率達成等の一助となるものとして，期待されています。

　また，次世代育成支援対策推進法では，従業員101人以上の企業に対し，仕事と家庭の両立を支援するための雇用環境の整備について事業主が策定する一般事業主行動計画の公表および従業員への周知を義務付けていますが，在宅勤務を含むテレワークの導入は，仕事と育児の両立支援に効果があるものとして位置付けられています。

　企業が自社の働き方改革に積極的に取り組むことは，コンプライアンスの観点からも重要となっており，在宅勤務の導入は，実効性ある働き方改革として注目されています。

(10)　企業ブランドの向上

　在宅勤務の導入により働き方の選択肢を増やし，従業員が働きやすい環境を整えて従業員満足度の向上を図ることは，企業ブランドの向上にもつながります。たとえば，次世代育成支援対策推進法に基づく子育てサポート企業として厚生労働省の認定を受けることができれば，「くるみん」，「プラチナくるみん」の認証マークを商品や広告などに表示することができます。また，女性活躍推進法に基づく「えるぼし認定企業」として厚生労働大臣の認定を受ければ，公共調達において加点評価されます。このほか，ダイバーシティ推進を経営成果に結び付けている先進的企業として経済産業大臣の表彰を受けたり，女性活躍推進企業として「なでしこ銘柄」に選定されることで，「先進的企業」，「ホワイト企業」として企業ブランドが向上することが期待できます。

5 在宅勤務導入にあたっての課題

在宅勤務の導入については，様々な効果が期待される一方，これまでにない新しい働き方を導入するにあたり，解決すべき課題もあります。総務省が平成27年3月に実施した「地方創生と企業におけるICT利活用に関する調査研究」では，テレワーク導入企業が導入にあたって課題となった事項として，「情報セキュリティの確保」や「適正な労務管理」，「社員同士のコミュニケーション」などが挙げられています。

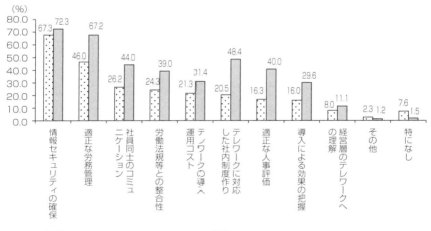

図表1-7　テレワークの導入に際しての課題（複数回答）

（出典）　総務省「地方創生と企業におけるICT利活用に関する調査研究」（平成27年）。

この調査結果をみてみると，「導入済み企業」と「導入を検討している・関心がある企業」（未導入企業）の双方が「情報セキュリティの確保」を一番の課題として挙げており，テレワークの導入にあたり「情報セキュリ

ティの確保」が最重大課題と認識されていることがわかります。

　しかし，「情報セキュリティの確保」以外の事項については，導入済み企業よりも未導入企業の方が課題として挙げる割合が高くなっており，特に，「テレワークに対応した社内制度作り」，「適正な人事評価」，「適正な労務管理」については，大きなかい離があります。この結果からわかることは，導入の検討段階では課題であると考えられている事項も，実際に導入した企業では，さほど大きな問題にならずに運用できているケースが少なくないということです。

6　従業員にとってのメリット

　在宅勤務の導入は，企業にとってだけでなく，従業員にとっても，「通勤からの解放」，「ワークライフバランスの向上」，「仕事と育児・介護の両立」など，様々な効果が期待できるものです。

　NHKが5年ごとに行っている「国民生活時間調査」によると，東京圏の平均通勤時間は片道51分です。仮に週1回のペースで在宅勤務を行った場合，年間でおよそ85時間分，通勤時間が削減されることになります。在宅勤務により通勤から解放されれば，その分，自由に使える時間が増えて，睡眠時間や家族と過ごす時間，育児・介護や家事等の時間を増やしたり，自己啓発，地域活動，運動，趣味，娯楽の時間にあてるなど，従業員一人ひとりが自らのライフスタイルに合わせて，プライベートな時間を充実させることが可能になります。

　平成26年度のテレワークモデル実証事業における従業員アンケートでは，テレワークを利用することで変化したプライベートの時間について，家族と共に過ごす時間，育児の時間，家事の時間のいずれについても，およそ8割の人が増加したと感じています。

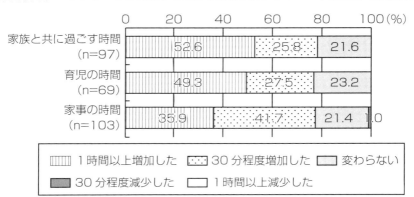

図表1-8　テレワークを利用することで変化したプライベートの時間（複数回答）

（出典）　厚生労働省「平成26年度テレワークモデル実証事業」（従業員アンケート）。

　また，東京圏の通勤ラッシュは，「痛勤ラッシュ」とも揶揄されるように，労働者にとって身体的にも精神的にも過酷なもので，労働生産性を下げる要因にもなっています。男性の場合，痴漢の犯人に間違われる痴漢冤罪リスクもあります。在宅勤務を利用することで，通勤そのものをなくしたり，あるいは通勤時間をラッシュアワーからずらすことで通勤による負担から解放されれば，体力的・精神的にも余裕が生まれ，労働意欲が向上し，仕事と私的生活の両方が充実することが期待できます。

図表 1-9　従業員がテレワーク導入によって感じたメリット（複数回答）

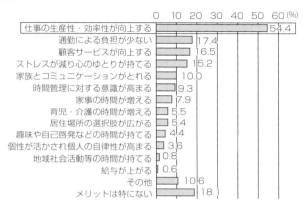

（出典）　労働政策研究・研修機構「情報通信機器を利用した多様な働き方の実態に関する調査結果」。

7　在宅勤務導入の社会的意義

　在宅勤務の導入には，社会的にも次のような効果が期待されています。

(1)　労働力人口減少の緩和

　急速な少子高齢化の進展に伴い労働力人口が本格的に減少している中で，在宅勤務の導入により，育児・介護中の労働者の離職率を低下させ，障害者や高齢者等の通勤困難者の就労を可能とする就労環境が整えられることで，「全員参加型社会」の構築につながることが期待されています。

(2)　防災機能の向上

　在宅勤務を導入する企業が増えることで，大規模地震などの災害が発生した際の「帰宅困難者」や「出勤困難者」が減少することが期待されています。また，パンデミック発生時にも，無理に外出する人が減少すること

で，被害拡大リスクの低減が期待できます。

(3)　環境負荷の軽減

在宅勤務者が増加することで，通勤人口が減少し，朝夕の通勤ラッシュの混雑緩和が図られ，また，交通量の減少に伴うCO_2の削減により地球温暖化防止に役立つことが期待されています。

(4)　地域活性化

在宅勤務では，オフィスから遠く離れた場所に居住しつつ仕事をすることが可能であることから，地方における就労機会が増加し，地方の活性化につながることが期待されています。地方都市では，半農半サラリーマン的働き方をする人も多く，こうした人材を活かすうえでも，在宅勤務は有効と目されています。また，逆のケースとして，在宅勤務を前提として都心部や海外の人材を地方の企業が雇用することができることで，地元都市や地域の活性化が期待されています。

図表1-10　在宅勤務導入による効果

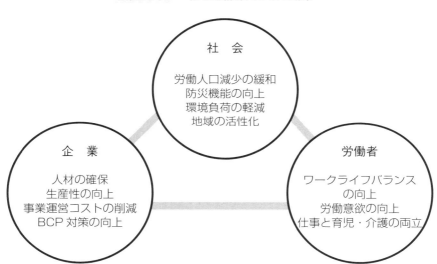

8　在宅勤務導入済み企業による取組み

　厚生労働省では，平成27年度以降，テレワークの活用によって労働者のワークライフバランスの実現に顕著な成果を上げた企業・団体や個人を表彰しています。受賞企業により報告されたテレワーク導入による効果をみてみると，終日在宅勤務や部分在宅勤務の導入により，「業務効率の向上」，「人材の確保」，「従業員満足度の向上」などが実現されていることがわかります（**図表1-11**）。

図表 1-11　在宅勤務導入企業における導入効果

組織名	業種	導入形態	導入による効果
シスコシステムズ合同会社	情報サービス業	終日在宅勤務 部分在宅勤務 モバイルワーク	・生産性向上貢献度9.5億円と推定 ・育児休業後の復職率2年連続100% ・東日本大震災時に2週間の全社員完全在宅勤務により業務遂行を継続
日本マイクロソフト株式会社	情報サービス業	終日在宅勤務 部分在宅勤務 モバイルワーク	・ワークライフバランス満足度40%向上 ・女性離職率40%減少 ・1人当たりの事業生産性26%向上 ・旅費・交通費20%削減
カルビー株式会社	製造業	終日在宅勤務 モバイルワーク	・男性の育児勤務取得者3名 ・上司71%，部下73%が在宅勤務継続に肯定的 ・41%が「意識して密度の高い，効率的な仕事に変えることができた」と実感
株式会社キャリア・マム	情報サービス業	終日在宅勤務 部分在宅勤務 モバイルワーク	・在宅勤務の時間を通勤時間帯にずらすことで，効率性が上がった ・社員満足度調査で9割弱が充実していると回答 ・全社員が地域の活動に参加して人間関係を構築している
株式会社コンピュータシステムハウス	情報サービス業	終日在宅勤務	・平日に家族サービスや自己学習等に費やす時間が一日当たり6時間増えた ・少ない時間を有効活用する意識が高くなり，仕事の質を維持しつつ，その単位当たりの時間は短くなった

第1章　働き方改革としての在宅勤務の導入　23

サントリーホールディングス株式会社	製造業	終日在宅勤務部分在宅勤務モバイルワーク	・子育てしながら男女共に変わらずフルタイムの就業を実現できた ・自己啓発に取り組む社員が増えた
ジョブサポートパワー株式会社	サービス業	終日在宅勤務	・重度障害者の雇用が可能になった ・通勤がないことで体調管理を含めて業務時間を有効活用できるため業務効率が自ずと向上 ・PCのスキルが向上し業務の幅が広がった
株式会社テレワークマネジメント	学術研究,専門・技術サービス業	終日在宅勤務部分在宅勤務モバイルワーク	・企画業務などの集中を求められる業務等で非常に効率が上がっている ・WEB会議システムですぐに集まり相談できる
ネットワンシステムズ株式会社	情報サービス業	終日在宅勤務部分在宅勤務モバイルワーク	・平均残業時間数が月33時間から27時間に低下 ・残業時間数月40時間超過者が31%から22%に低下 ・80%が私生活の満足度向上を認識 ・70%が仕事に対する満足度向上を認識
明治安田生命保険相互保険	金融業・保険業	終日在宅勤務部分在宅勤務モバイルワーク	・男性利用者の約45%が家族と過ごす時間が増えたと実感 ・利用者の65%が通勤時間が軽減され,肉体的・精神的負担が軽減したと実感 ・上司の40%が部下のアウトプットの質が向上したと実感

（出典）　厚生労働省「平成27年テレワーク推進企業等厚生労働大臣表彰～輝くテレワーク賞～
　　　　事例集」をもとに作成。

　在宅勤務導入済み企業では，在宅勤務の適用対象者を育児や介護などの
理由のある社員に限定せずに一般の社員にも適用したり，契約社員や派遣

社員にも在宅勤務を適用するなど、適用対象者の範囲を広げるところが増えています。また、在宅勤務が利用できる日数を増やしたり、在宅勤務者にフレックスタイム制や裁量労働制を適用する企業も増加傾向にあります。

　政府が旗振り役となって働き方改革を積極的に進める中で、企業も働き方改革に向けた取組みを余儀なくされています。長時間労働防止のための「ノー残業デー」の実施や「終業時刻後の一斉消灯」、有給休暇の強制取得や「プレミアムフライデー」の実施など、働き方改革の一環として様々な試みがなされていますが、こうした企業による試みは、必ずしも労働者からの支持を得ているとはいえないものとなっています。「労働時間だけ強制的に短縮されても、仕事の量が変わらなければ、仕事が回らず、負担が増えるだけ」との声も多く聞かれます。一斉消灯実施企業では、従業員が消灯後に近くの喫茶店やファミレスに移動して仕事をしているという、ブラックジョークのような話もあります。形ばかりの働き方改革では、却って従業員の労働意欲を阻害し、企業の競争力にマイナスの影響を及ぼしかねません。日本の世界における競争力を低下させる結果へとつながることも懸念されます。

　本当の意味での働き方改革は、一人ひとりの従業員が自らの力を最大限発揮することができる働き方を自ら選択できる環境を整えることで、はじめて実現可能になるものです。在宅勤務導入済み企業では、在宅勤務の導入により実際に得られた効果から、いち早くそのことに対する気づきが生まれ、真の意味での働き方改革を実行するための施策の一つとして、在宅勤務を全社的制度として運用する取組みが進められているものと思われます。

9　中小企業による在宅勤務導入への取組み

　「在宅勤務は大企業だけが導入可能なもの」と思われている方は，少なくないと思われます。実際，在宅勤務の導入率は，中小企業よりも大企業の方が高くなっています。総務省の「平成27年通信利用動向調査」によると，テレワークを実施している企業の割合は16.2%となっていますが，資本金規模別でみた場合，資本金50億円以上の企業では，44.9%と4割を超えている一方で，資本金1,000万円未満の企業では，11.1%とわずか1割にとどまっています。

　福利厚生に力をいれる体力がある大企業で，社員のための制度が手厚くなることは確かです。しかし，在宅勤務を含めたテレワークを導入する大企業が増加傾向にある理由は，社員の福利厚生という面からだけではないと考えられます。労働人口が減少し続ける中で，優秀な人材を確保して企業として成長・発展を続けるためには，新しい働き方を積極的に導入し，社員にとって働きやすい環境を整えることが必要とされます。そして，そうした企業の対応は，先進的企業としてのイメージを向上させ，将来的に成長が望める企業としての評価を高めることにつながることが期待できます。

　在宅勤務は，けっして上場企業や大企業のみにおいて導入可能なものではありません。却って中小企業の方が在宅勤務を導入しやすく，導入によるメリットも享受しやすいといえます。たとえば，中小企業では，経営トップの意思を全従業員に周知しやすく，事業運営に関する意思決定も迅速に行うことができます。また，従業員数が少ない分，一人の従業員が退職した場合のダメージは大企業と比べて何倍も大きいといえますが，在宅勤務を導入することで離職を回避することができれば，それによって得られるメリットもより大きなものとなります。

大企業でさえ新卒社員を確保するのに苦労する時代です。就活生に選んでもらえる企業となるためには，ワークライフバランスを重視する傾向が強い若者世代に，働きやすい企業であることをアピールできる体制を整えることは，中小企業にとって，最重要課題になっているといえます。そして，在宅勤務の導入は，中小企業にとって，比較的ハードルの低い，取り組みやすい働き方改革であるといえます。

　働き方改革に積極的に取り組んでいる政府も，在宅勤務を導入しようとする中小企業に対する支援施策として，助成金の交付や専門家によるサポートなどを実施しています。

　中小企業による在宅勤務の導入がなかなか進まないのは，中小企業の経営者が在宅勤務導入のメリットを理解していなかったり，そもそも「在宅勤務は大企業でのみ実施可能なもの」と誤解していたりすることに原因があるのではないかと思われます。経営者が在宅勤務の必要性を理解し，強い意思をもって推進すれば，企業規模の大小にかかわらず，在宅勤務の導入は可能なものです。

　テレワーク推進企業として厚生労働大臣賞を受賞した企業の中には，中小企業も多数含まれています。こうした他社の先例は，在宅勤務の導入に興味をもっている中小企業の経営者や人事・総務担当者にとって大いに参考になるものと思われます。

CASE　中小企業の在宅勤務導入事例①

≪向洋電機土木株式会社≫（建設業）

◆会社概要
- 設立　　　：1965年
- 本社所在地：神奈川県横浜市

第1章　働き方改革としての在宅勤務の導入　　27

- 主たる事業：屋内外の電気設備の設計・施工
- 従業員数：25人（2014年12月時点）

　同社では，10年ほど前から在宅勤務の導入に取り組んでいます。2008年に時間的制約がある従業員の採用をきっかけとして，経営効率の向上および改善を目的として在宅勤務制度を導入しました。テレワークを推進する総務課長が自身の介護と育児経験を活かして在宅勤務の制度設計を行い，育児や介護に直面していない従業員にも在宅勤務の必要性が理解されるよう，従業員一人ひとりがライフステージにあわせて上手く在宅勤務を活用できるようにアドバイスしています。初回在宅勤務を開始する前には，一人ひとりと面談を行い，本人の了承を得て，勤務場所となる自宅の住居形態や設備状況の現地確認を行っています。承認できない場合は，その理由を説明して改善方法のレクチャーを行い，承認できるようサポートを行います。コミュニケーションや労働時間管理，マニュアル作成等には，無料かつ無償で利用できるフリーソフトを活用することで，テレワークのための環境整備にあまりコストをかけずに，工事部門を含む全従業員25名が業務内容にあわせて在宅勤務を実施しています。テレワーク導入後，25人の従業員のうち10人に子供が生まれました。男性従業員も育児休業を取得しており，同社は，従業員が在宅勤務を利用して積極的に育児に参加できる環境整備に尽力しています。

（出典）　厚生労働省「平成26年度テレワークモデル実証事業　テレワーク活用の好事例集」より要約。

CASE　中小企業の在宅勤務導入事例②

≪株式会社日建設計総合研究所≫（学術研究，専門・技術サービス業）

◆会社概要
- 設立　　　：2006年1月
- 本社所在地：東京都
- 主たる事業：都市・地域計画およびこれらの関連する調査・企画コンサルタント業務

- 従業員数 ：69人（2016年1月時点）

　同社では，設立当初よりモバイルワークの利用が進んでいましたが，2011年の東日本大震災による電力危機を受け，在宅勤務の本格的な導入が検討されるようになりました。2011年の夏にデスクトップPC利用者のパソコンを自宅へ送付し，全従業員が夏休みの前後1週間（10営業日）に在宅勤務を試行的に行う取組みを実施しました。在宅勤務を体験した従業員のアンケート結果を踏まえ，2012年1月から裁量労働型社員を対象とした在宅勤務制度が本格的に導入されました。毎年，制度やICTツールの充実を図り，毎月の利用上限日数を8日から10日に拡大したり，コワーキングスペースと法人契約を締結して在宅勤務の場所を「自宅」から「コワーキングスペース」にまで拡大したり，「終日利用」だけでなく「半日（4時間）利用」もできるようにするなど，在宅勤務を利用しやすいものに進化させ，2013年には，在宅勤務の利用が導入当初の2割程度から4割にまで増加しました。2015年7月からは，対象者を拡大して「標準型社員」や「契約社員」にも在宅勤務を適用しています。同社では，「一度は全従業員が在宅勤務を利用した」という経験が共有されていることで，利用者も上司・同僚も在宅勤務に抵抗感がなく，積極的に活用できる組織風土が醸成されています。

（出典）　厚生労働省「平成28年度テレワークモデル実証事業　テレワーク活用の好事例集」より要約。

CASE　中小企業の在宅勤務導入事例③

≪株式会社沖ワークウェル≫
◆会社概要
- 設立　　　：2004年
- 本社所在地：東京都
- 主たる事業：情報サービス業
- 従業員数：75人（2016年8月時点）

同社では，経営トップ以下全員で，障害者雇用の方法として，通勤の困難な重度障害者が在宅勤務することに取り組んでいます。テレワークの対象者の範囲は原則社員全員で，健常の通勤社員にも，親の介護や家族の看病，育児，大型台風，一時的な怪我など，通勤は難しいが仕事はできるという場合に，在宅勤務の利用を認めています。そのため，通勤社員も普段からデスクトップPCではなく，原則，モバイルPCを使用し，定期的に在宅勤務を試行しています。

在宅勤務者は，自宅からインターネットVPNで会社のLANに接続して電子メールやファイルサーバー，イントラネットを利用することができ，通勤社員と同様のパソコン環境で仕事ができています。自社製のコミュニケーションツールに就業中の社員の名前が表示され，いつでもすぐに声をかけることができるようにしており，特別な労務管理は行っていません。また，「いつでもコミュニケーションがとれる」，「定例会議や臨時打ち合わせなどが自由にできる」，「成果物はファイルサーバーからすぐに確認できる」などの環境が整っており，勤務状況や成果物の把握が容易であるため，通勤社員と同様の評価が可能となっています。

図表1-12　客先にモバイル端末を持ち込み在宅で会議参加

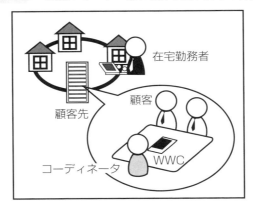

（出典）　厚生労働省「平成28年度テレワーク推進企業等厚生労働大臣表彰〜輝くテレワーク賞〜事例集」より要約。

同社では，ネットワークやIT機器が発展してきた現代において，在宅勤務は，

今後の障害者雇用形態として適していると認識しており，また，これまで就労が適わなかった通勤の困難な重度障害者にとっても，就労による社会参加が可能になり，大きなメリットとなると考えています。

（出典）　厚生労働省「平成28年度テレワーク推進企業等厚生労働大臣表彰～輝くテレワーク賞～事例集」より要約。

CASE　中小企業の在宅勤務導入事例④

≪株式会社コンピュータシステムハウス≫（情報サービス業）
◆会社概要
- 設立　　　　：1981年
- 本社所在地：福島県
- 主たる事業：情報サービス業
- 従業員数：14人（2015年7月時点）

　同社では，東北という立地上，豪雪や異常気象による通勤困難が想定されること，また，従業員の高齢化による通勤時の事故のリスクが高まることなどを想定し，テレワークの導入を経営上の重要事項として位置付けています。

　在宅勤務実施時は，各自がグループウェアのスケジュール管理を利用して，始業・終業の時刻を入力しています。在宅勤務中のインターネットの利用，ファイルサーバーへのアクセス，ウイルス対策の状況，在宅勤務者の自宅のネットワーク機器のログをすべて取得して事務所内で管理・保管して，事務所と在宅勤務者の自宅において，全く同じセキュリティポリシーを適用しています。

　依頼したソフト開発などの仕事に関して，規定時間内で仕上げること，難度の高い仕事を仕上げること，正確に仕上げること等を数値化して成果を把握しています。

　役員を含めた社員全員が毎日必ずグループウェア内で業務日報の報告を行い，誰が何の業務をしていたのかが分かるようにしています。在宅勤務者も全員の業務報告を読むことができ，コメントも記入できるようにしており，こうしたコミュニケーションを活用して，実際の物理的な距離を縮める取組みが行われています。

第1章　働き方改革としての在宅勤務の導入　　31

　同社では，在宅勤務者は，通常勤務者と同様の責任をもって難度の高い仕事をしており，介護，引越し，家業を継ぐなどの様々な理由で在宅勤務を始めた従業員は，仕事の質を維持しつつ仕事以外の時間を上手に活用して，ワークライフバランスを実現しています。

（出典）　厚生労働省「平成27年度テレワーク推進企業等厚生労働大臣表彰～輝くテレワーク賞～事例集」より要約。

第 **2** 章

在宅勤務の導入手順

　本章では，在宅勤務を導入する際の手順について説明します。

　在宅勤務は企業規模の大小にかかわらず導入可能なものであり，導入の手順についても大きな違いはありません。企業規模が小さい方が経営トップの意思が全社員に伝えやすく，トップダウンで迅速に進められるという面がありますが，基本的な手順は変わりません。

　在宅勤務導入の際の大まかな流れは，**図表2-1**のとおりです。ただし，必ずしもこのとおり進める必要はありません。早急な対応が必要な場合には，対象従業員との個別の合意に基づいて実施することも可能です。一般的には試行的実施を何度か繰り返しながら，それに並行して社内体制の整備を進めたうえで，本格的導入を開始することが行われています。導入済み企業の中には，本格導入に至るまで5年以上の歳月をかけているところもあります。初めから無理をせずに，試行的実施を繰り返し，現場の声を聴きながら，段階を踏んで進めることが，在宅勤務の導入を実効性あるものとするためのポイントです。

図表2-1　導入手順と社内体制の整備

導入手順	社内体制の整備
導入目的の明確化 ↓ 現状の把握 ↓ 実施対象範囲の決定 ↓ 教育・研修の実施 ↓ 試行的実施 ↓ 課題の確認・解消	■在宅勤務申請・許可手続きの整備 ■労務管理体制の整備 ■ICT 環境の整備 ■セキュリティ対策の整備 ■規程等の整備

1　導入目的の明確化

　在宅勤務を導入するにあたっては，まず，「なぜ在宅勤務を導入するのか」，導入目的を明確にすることが大切です。在宅勤務というこれまでになかった新しい働き方の導入により，「仕事は会社でするもの」，「打ち合わせは会議室で行うもの」など，これまで「当たり前」であったことが「当たり前」でなくなり，社内に混乱が生じる可能性があります。そのため，在宅勤務の導入を円滑に進めるためには，在宅勤務を導入することで，会社がどのようなことを実現しようとしているのか，経営トップが全社員に向けたメッセージを発信して目的を共有し，全社員の理解と協力を得られるようにすることが重要となります。

　在宅勤務の導入に期待される効果は多岐にわたることから，導入目的に

ついても，必ずしも一つに絞り込む必要はありません。ただ，在宅勤務の導入は，あくまで目的を達成するための手段ですので，導入そのものが目的化しないことが大切です。

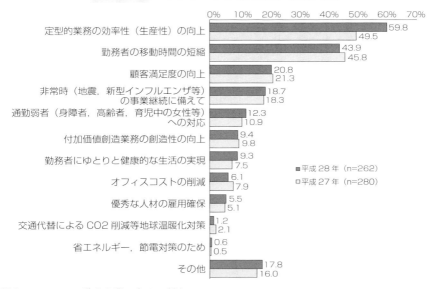

図表2-2　テレワークの導入目的（複数回答）

（注）　テレワーク導入企業に占める割合。
（出典）　総務省「平成28年通信利用動向調査の結果」。

CASE　経営トップの強力なリーダーシップにより在宅勤務を導入した事例

　カルビー株式会社では，経営トップが「勉強や交流等に時間を使いなさい。新たなインプットにより成長し，会社に貢献してほしい」というメッセージを日頃から発信し，トップが自らテレワークを実施しています。また，管理職が積極的に在宅勤務をすることで，部下への働きかけをするよう奨励しています。
　同社では，在宅勤務制度は「ライフワークバランス」の中に位置付けられ，働き

方に対する意識改革を目的として，オフィスに縛られない機動的な働き方による生産性を追求し，通勤ストレスの軽減やライフの充実を目指しています。なお，同社では「ワークライフバランス」ではなく，あえて「ライフワークバランス」と呼んでいますが，これは，ワーク（仕事）の前にライフ（個々の生活）が大事という会長CEOの考えによるものです。

(出典)　厚生労働省「テレワーク活用の好事例集～仕事と育児・介護の両立のために～」
　　　　（平成26年度および平成28年度）。

2　現状の把握

(1)　プロジェクトチームの設置

　在宅勤務の導入にあたり，まず，実施対象者や実施対象業務を選定するための準備作業として，社内で行われている業務の内容や遂行手順について，現行の状況を把握します。そして，在宅勤務の導入により，現行の社内制度や社内システムに関して，見直しや修正が必要となる事項について検討します。

　在宅勤務の導入にかかわる会社方針の決定や現状を把握するための情報収集は，経営トップがリーダーになって，経営企画，人事・総務・法務，情報システム等の各部門の担当者に加えて，在宅勤務の導入を検討している事業部門の責任者をメンバーに取り込み，全社横断的なプロジェクトチームを設置して行うことをお勧めします。「プロジェクトチーム」というと，多少，大げさに聞こえるかもしれませんが，在宅勤務の導入は，新しいワークスタイルの導入による「働き方改革」の実行であり，全社的体制で取り組むことが成功の鍵となります。人事，総務などの一部門が中心になって進める場合でも，将来に向けて在宅勤務の適用範囲を拡大してい

くのであれば，できるだけ早い段階で全社的な推進体制を構築することが望まれます。

図表2-3　プロジェクトチームにおけるメンバーの役割

導入の手順	必要な措置	経営者	経営企画	人事・総務・法務	情報システム	各事業部門
目的の設定	会社方針の決定	○	○	○	○	○
現状の把握	導入に伴う影響・課題の発掘 諸規程・労務管理上の課題の発掘	○	○	○	○	○
実施範囲の検討	対象者・対象業務・実施頻度等の検討		○	○		○
教育・研修	制度の周知，在宅勤務対象者・対象部署の管理職・通常勤務者の教育			○	○	○
試行的実施	在宅勤務者のヒアリング 在宅勤務者の労務管理			○		○
評価・改善	試行的実施の評価 実務的改善点の検討	○	○	○	○	○
労務管理・社内規程等の整備	労務管理制度の見直し 就業規則・諸規程の整備 在宅勤務マニュアル等の策定		○	○	○	
ICT環境の整備	利用するシステム・ツールの構築・選定		○		○	
セキュリティ対策	在宅勤務に対応するセキュリティ対策の構築		○		○	

(2) 業務の棚卸

　在宅勤務を導入するにあたっては，個々の従業員が行っている業務やその進捗状況を上司や一緒に仕事をする他の従業員が適宜確認できる環境を整えること，すなわち「業務の見える化」を図ることで，業務分担が行いやすくなり，上司も部下の業務遂行を管理しやすくなります。また，業務の見える化の過程において現行の業務の重複や無駄，不手際などが見つかることで，業務改善につながり，業務の効率性や生産性の向上などの効果も期待できます。

　「業務の見える化」では，まず，一人ひとりの従業員が担当している現行の業務をすべて洗い出して業務の棚卸を行い，リスト化します。リストを作成する際は，主に次の事項について明確にしていきます。

① 業務内容：業務の概要，処理にかかる時間，実施頻度，作業場所，共同作業者の有無
② 使用する資料：紙媒体か電子ファイルか，保管場所，共有者の有無
③ 必要なツール：パソコン，アプリケーションソフト，通信機器等
④ セキュリティリスク：個人情報や営業秘密の取扱いの有無，セキュリティレベル

3　実施対象範囲の決定

　在宅勤務の実施対象範囲の決定にあたっては，実施対象者，実施対象業務，実施頻度などについて検討します。

(1) 実施対象者の選定

① 選定基準を設ける

　在宅勤務を全社的制度として運用することを目指すのであれば，在宅勤務を希望するすべての社員を対象とすることが理想ですが，導入初期の段階においては，実施効果を検証しやすいように，実施対象者の範囲を限定することが一般的です。実施対象者の選定にあたっては，関係者の理解が得られやすいように，明確な基準を設けることが求められます。たとえば，育児・介護等により労働時間に制約のある者を対象者とする場合には，子供の年齢や被介護者の要介護度・要支援度などにより条件を設けることが考えられます。

　また，事務職，営業職，研究職などの職種ごとに条件を設けることも考えられ，この場合は，業務の棚卸で作成したリストに基づき，どのような業務であれば在宅勤務が可能であるか，相談しながら決めていくことになります。

　なお，導入初期の実施対象者に管理職層を含めることを強くお勧めしたいと思います。在宅勤務を導入するうえで，管理職層が反対勢力になることは少なくありません。そこで，管理職層に他の者に先んじて積極的に在宅勤務を体験させて，在宅勤務のメリットや導入の必要性について理解させ，管理職層の意識改革を図ることができれば，その後の運用をスムーズに進めることができます。ただし，管理職層に在宅勤務を行わせる場合は，業務遂行に影響がでないように工夫するほか，職務や職責に応じて実施にあたっての条件をあらかじめ設定しておく必要があります。

② 在宅勤務者に求められる資質

　在宅勤務は，自宅においてひとりで仕事を行うものであるため，在宅勤

務の対象者には，自律的業務遂行力や自己管理力，そしてコミュニケーション力が求められます。

(i) 自律的業務遂行力

在宅勤務では，目標を立てて自分がやるべき仕事を明確にし，計画的に進める自律的業務遂行力が求められます。上司や周りの目がなくても誠実に業務を遂行し，独力で課題に取り組み，集中して創造的な仕事ができる従業員は，在宅勤務に向いているといえます。

他方，新入社員や職務経験が浅い者など，単独で仕事をすることが難しい者や，OJT が必要な者などは，在宅勤務に向きません。こうした観点から，対象者については，業務経験や人事評価が一定以上の者であることを選定条件とすることが考えられます。

(ii) 自己管理力

在宅勤務では，私生活と仕事が混在することから，高い自己管理力が必要とされます。時間にルーズな者や周囲の目がないと仕事をさぼりがちな者は在宅勤務に向きません。特に，育児・介護を理由とする在宅勤務では，育児・介護のための時間と業務を行う時間の管理が従業員に委ねられることになることから，時間管理を適切に行える者であることが求められます。

(iii) コミュニケーション力

自宅で一人で仕事をする在宅勤務では，積極的に上司とコミュニケーションをとり，実施する業務の内容や業務の進め方などについて，確認することが必要とされます。また，チームで進めている仕事がある場合，業務の遂行に支障をきたさないためには，メンバー間で意識的にコミュニケーションを取ることが必要とされます。そのため，日頃から職場の人間

関係が良く，コミュニケーション力が高い人ほど，在宅勤務に向いているといえます。

また，在宅勤務では，電子メールやチャット，ビデオ会議システムなど，電子的手段を使って職場の上司や同僚，あるいは取引先とコミュニケーションをとる機会が多くなることから，これらのツールを上手に使いこなす能力があることも必要とされます。

なお，これらの資質を備えた従業員は，在宅勤務で成果を上げることが期待でき，導入による効果を確認しやすいことから，導入初期には，このような従業員を優先的に選定して実施させることも考えられます。

CASE　育児期の女性を対象として在宅勤務を導入している事例①

　トヨタ自動車株式会社では，育児期の女性従業員の継続就業とさらなる活躍促進を主な目的として，事務職および技術職の従業員を対象に，2002年に小学校4年生以下の子を育てる者，または介護に従事する者を対象として「部分的在宅勤務制度」を導入。2015年からは，1歳未満の子を育てる者を対象とした「終日在宅勤務」も実施しています。

　在宅勤務時の作業予定は，スケジュール管理ツール等に事前に記入し，始業・終業時に電話等で上司に連絡します。同社では，最低限の対面でのコミュニケーションが必要であると考え，「部分的在宅勤務」では1日に4時間以上，「終日在宅勤務」では週2時間以上の出社を在宅勤務者に義務付けています。

（出典）　厚生労働省「平成27年度厚生労働省テレワーク活用の好事例集～仕事と育児・介護の両立のために～」より要約。

CASE　育児期の女性を対象として在宅勤務を導入している事例②

　株式会社石巻日日新聞社では，中堅の従業員が妊娠・出産後も生活を守り，働け

る環境作りが地域貢献につながると考え，継続就業のためにテレワークが必要と判断された従業員に対して，テレワークを適用しています。在宅勤務者には，会社及び関連会社との雑誌の誌面編集やイラスト等の作成のためのコミュニケーションを含め，一定のスキルが必要とされます。「完全在宅勤務」が取られていますが，社内の打ち合わせのために，週１　２時間程度出社したり，メール・電話でのコミュニケーションを頻繁にとっています。加えて，全部署の進捗状況を部署ごとの「週次議事録」の作成・展開により全従業員が把握できるようにしています。

（出典）　厚生労働省「平成27年度厚生労働省テレワーク活用の好事例集～仕事と育児・介護の両立のために～」より要約。

(2)　対象業務の選定

　対象業務の選定にあたっては，業務の棚卸の際に作成したリストを基に，一つひとつの業務について，「在宅勤務で実施できる業務」と「現状のままでは在宅勤務で実施できない業務」とに分類します。現状のまま，すぐに在宅勤務で実施できる業務は，あまり多くはないかもしれません。導入初期では，個人がパソコンを使って単独でできるデータ入力や資料作成，企画の立案などの業務が主になるものと思われます。

　しかし，現状のままでは実施できなくても，ICTツールを活用することで実施可能になる業務は少なくありません。たとえば，社内会議や取引先との打ち合わせなど，対面でのやり取りが必要なる業務も，テレビ会議やWEB会議のシステムを導入することで，在宅勤務時にも参加が可能になります。社外への持出しが禁止されている資料を必要とする業務であっても，資料を電子化して社内システムを経由して社外から閲覧できるようにすることで，在宅勤務で行うことができるようになります。

　一つひとつの業務について在宅勤務で遂行するうえでの課題とニーズを洗い出し，必要とされるICTツールの導入を検討し，社内体制を整備することで，徐々に在宅勤務で実施可能な業務が増えていきます。物理的操

作を必要する工場での業務など一部の業務を除き，ほぼすべての業務は，業務の見える化やICTツールの活用により，在宅勤務での実施が可能であると考えられます。仕事の進め方や職場環境の整備の仕方次第で，より多くの業務を在宅勤務の対象業務とすることが可能となります。

図表2-4　対象業務の整理

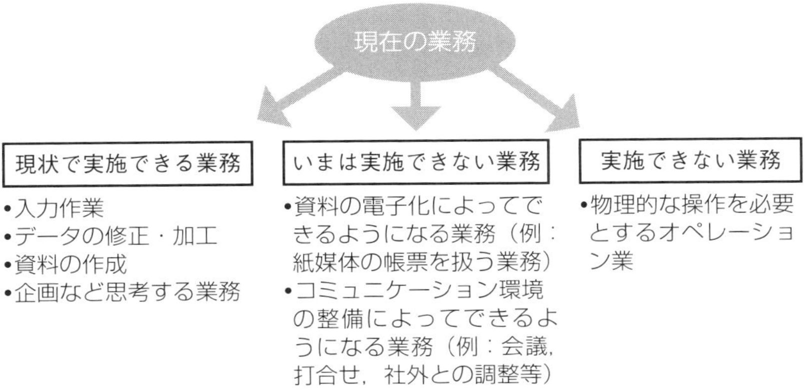

現在の業務

現状で実施できる業務
• 入力作業
• データの修正・加工
• 資料の作成
• 企画など思考する業務

いまは実施できない業務
• 資料の電子化によってできるようになる業務（例：紙媒体の帳票を扱う業務）
• コミュニケーション環境の整備によってできるようになる業務（例：会議，打合せ，社外との調整等）

実施できない業務
• 物理的な操作を必要とするオペレーション業

（出典）　厚生労働省「テレワークではじめる働き方改革～テレワークの導入・運用　ガイドブック～」。

図表2-5　テレワークで実施している仕事

1位　インターネット等からの情報収集

2位　資料の作成・修正及び管理

3位　電話・会議支援システム等を用いた社内会議

4位　業務知識などの学習

5位　上司や同僚，顧客などの連絡

6位　社内手続き

7位　意思決定（決裁等）

8位　部下・後輩等への指導

9位　電話・会議支援システム等を用いた社外会議

（出典）　厚生労働省「平成27年度厚生労働省テレワーク活用の好事例集～仕事と育児・介護の両立のために～」。

(3) 実施頻度

　在宅勤務の実施頻度は，在宅勤務の導入目的や導入段階により異なります。導入初期においては，期間を限定し，実施日数や頻度を少なめに設定して，状況をみながら実施頻度を上げていくことをお勧めします。いきなり実施回数や実施時間を多く設定してしまうと，在宅勤務者も上司や他の通常勤務の従業員もお互いに慣れていないために，混乱が生じてしまうおそれがあります。

　在宅勤務導入済み企業では，月2，3回あるいは週1，2回程度とする随時型在宅勤務が主に実施されています。随時型在宅勤務を実施している企業では，月当たりの実施時間に上限を設けて，時間単位での在宅勤務を認めているケースもあります。育児・介護期間中の従業員については，常時型在宅勤務としたり，常時型在宅勤務と短時間勤務を組み合わせるケースもあります。在宅勤務の導入目的が通勤困難者への対応やオフィスコストの削減にある場合は，常時型在宅勤務または常時型に近い頻度で在宅勤務を実施することでより効果が得られやすくなります。

4　教育・研修の実施

　せっかく在宅勤務を導入しても，上司の無理解や職場の人への遠慮から実際には利用しにくいものであると，名ばかりの制度になってしまい，導入目的の達成が難しくなってしまいます。在宅勤務が社内で円滑に利用され，導入目的を達成できるか否かは，全社員の意識改革にかかっていると

いっても過言ではありません。そこで，在宅勤務の導入目的や基本方針，実施要領等が決まったら，全社員に向けた説明会を開き，教育・研修を実施することが望まれます。また，初めて在宅勤務を行う者については，教育・研修を行い，会社のセキュリティポリシーやトラブルが発生した際の対応方法について十分理解してもらうことが大切です。

図表2-6　教育・研修の項目例

項　目	説明内容
在宅勤務の概要	● 在宅勤務の意義 ● 在宅勤務のメリットと留意点 ● 在宅勤務の円滑な活用のための要素
在宅勤務導入の基本方針	● 在宅勤務導入の企業戦略上の位置付け ● 導入目的とその達成目標 ● 導入時期，適用範囲 ● 在宅勤務実施対象者
在宅勤務規程・申請手続き等	● 在宅勤務規程の内容 ● 在宅勤務の申請手続き ● 業務の計画・報告・連絡の方法 ● 作業環境基準 ● 安全衛生に関する相談窓口，連絡方法
在宅勤務支援システム	● 社内ネットワークへのアクセス ● 在宅勤務支援システムの機能・操作方法 ● 情報通信機器等のトラブル発生時の相談窓口・連絡方法
情報セキュリティ	● 情報セキュリティポリシー ● 情報セキュリティルール ● 情報セキュリティに関する相談窓口，連絡方法
コミュニケーション	● 情報共有システム ● チームミーティング

図表2-7　　対象者別研修のポイント

	管理職向け	在宅勤務者向け	通常勤務者向け
研修のポイント	• 在宅勤務におけるマネジメントの重要性 • 在宅勤務者の管理・人事評価の方法 • 在宅勤務者とのコミュニケーションの重要性とその方法 • 在宅勤務支援システムの機能・操作方法 • トラブル発生時の対応 • 在宅勤務を行わない従業員への対応	• 在宅勤務を実施する際の心得 • 在宅勤務を実施する際のルール・手続き • 上司・同僚とのコミュニケーションの重要性とその方法 • 在宅勤務支援システムの機能・操作方法 • 情報セキュリティ上,遵守しなければならない事項 • トラブル発生時の対応方法	• 全社員にとっての在宅勤務の必要性 • 在宅勤務者を含めた職場におけるコミュニケーションの重要性とその方法 • 在宅勤務支援システムの機能・操作方法

5　試行的実施と問題点の確認・解消

　在宅勤務の導入初期は，いきなり全社的に実施するのではなく，まずはトライアルとして限定的に実施し，実施効果を確認する一方で，実施に伴う課題を解消しながら，少しずつ実施範囲を広げていくことが望まれます。

　BCP対策を目的として在宅勤務を導入する場合は，全社一斉に試行的実施を行ってみる必要があると思われますが，その場合は，業務への影響を最小限にするため，繁忙期を避け，できるだけ取引先に迷惑がかからない時期を選ぶようにします。

　また，在宅勤務時のシステム利用やトラブル発生時の対応がスムーズに行えることを事前に確認するため，まずは社内の会議室などを利用して，自宅で業務を行っているのと同様の環境を整えて，実験的に実施してみる

ことも考えられます。

　試行的実施を繰り返し行い，実施者や関係者に対するヒアリングやアンケートを行って，在宅勤務の実施による効果を定量的・定性的に評価し，課題を洗い出して，課題を解消するための改善策を検討します。また，それと並行して，在宅勤務の申請手続きや実施条件を定め，在宅勤務に適した労務管理体制を整備して，就業規則などの規程類の見直しを行います。さらに，在宅勤務時のセキュリティ対策や効率的な業務遂行を可能とするためのICTツールについても，試行的実施の状況を踏まえながら，徐々に整備していきます。

　このように，在宅勤務を社内制度として運用するにあたっては，実施計画を立て（Plan），試行的に実施し（Do），効果や課題を確認し（Check），見つかった課題に対する改善策を講じる（Act），このPDCAサイクルを回しながら普及・定着を促進していくことが求められます。当初の課題を解決できているか，目標の達成度合いなども確認しながら，新たなニーズへ対応していきます。

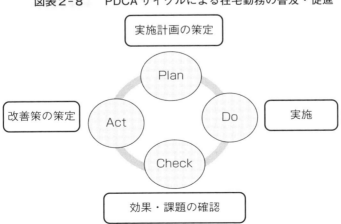

図表2-8　PDCAサイクルによる在宅勤務の普及・促進

第 **3** 章

労務管理体制見直しのポイント

1 雇用型テレワークガイドラインに則った労務管理体制の必要性

　使用者は，労働者が安全に働くことができるように労働時間を管理し，労働環境を整備する義務を負っています。在宅勤務者にも，通常勤務者と同様に，労働基準関係法令が適用され，会社は，在宅勤務者の労働時間や労働環境について適切に管理することを求められます。しかし，在宅勤務では自宅が就業場所となるため，従前どおりの労務管理体制では，適切に管理することが難しいと考えられます。政府も，企業におけるテレワークの導入を推奨する一方で，働き方改革実行計画（平成29年3月28日働き方改革実現会議決定）において，テレワークが長時間労働につながる恐れがあることが指摘されていることをあげて，「テレワークにおける適切な労務管理の実施は，テレワーク普及の前提となる重要な要素である」としています。

　そこで，厚生労働省では，従前のガイドライン[1]を改定し，「柔軟な働

　1　「情報通信機器を活用した在宅勤務の適切な導入及び実施のためのガイドライン」平成20年7月28日基発第0728001号。

き方に関する検討会」において新たに「情報通信技術を利用した事業場外勤務の適切な導入及び実施のためのガイドライン」（平成30年2月22日付）（以下「雇用型テレワークガイドライン」といいます）を策定しました。雇用型テレワークガイドラインは，在宅勤務だけでなく，サテライトオフィス勤務やモバイルワークも含めたテレワークを行う労働者に適用することを前提として，法令に基づく労働時間制を適用する際の留意点のほか，テレワークを行う労働者の安全衛生管理，業績評価，費用負担，社内教育等，使用者が留意すべき事項について規定しています。在宅勤務を導入するにあたっては，雇用型テレワークガイドラインの内容を十分に理解したうえで，在宅勤務者の労務管理体制を整備することが求められます。

PICK UP　副業・兼業と自営型テレワークガイドライン

　厚生労働省は，雇用型テレワークガイドラインの公表に先立ち，平成30年1月に「副業・兼業の促進に関するガイドライン」（副業・兼業ガイドライン）および「自営型テレワークの適正な実施のためのガイドライン」（自営型テレワークガイドライン）を公表しました。

　これまで，従業員に副業・兼業を認めている企業はほとんどありませんでした。しかし，政府は，副業・兼業は，新たな技術の開発，オープンイノベーションや起業の手段，退職後のキャリア形成の準備としても有効であるとして，「労働者の健康確保に留意しつつ，原則，副業・兼業を認める方向で副業・兼業の普及促進を図る。」とし，副業・兼業を推進する姿勢を示しています。厚生労働省によるモデル就業規則も，副業・兼業ガイドラインの公表に伴い，副業・兼業を認める規定内容に改定されています。

　今後，企業が副業・兼業を認めるようになれば，就労時間後に自宅等においてクラウドソーシングを利用して自営型テレワークを行う人が増えることが想定されますが，自営型テレワークについては，仕事内容の一方的な変更やそれに伴う過重労働，不当に低い報酬や支払遅延，著作物の無断転用など，発注者や仲介業者との間でトラブルが発生するケースが少なくありません。

第3章　労務管理体制見直しのポイント　　51

　そこで，企業としては，副業・兼業を自社従業員に認める場合には，副業・兼業を行う場合の自社におけるルールを説明するだけでなく，自営型テレワークガイドラインについても周知し，従業員が過重労働による健康障害を引き起こしたり，トラブルに巻き込まれたりしないよう，注意を促すことが必要であると思われます。

2　労働時間の管理

(1)　在宅勤務に適用可能な労働時間制

　労働時間制には，1日8時間，週40時間の法定労働時間の原則に基づく通常の労働時間制のほか，所定労働時間を通常の所定労働時間より短くする短時間労働時間制[2]，一定の単位期間について，労働基準法上の労働時間の規制を単位期間における週あたりの平均労働時間によって考える変形労働時間制，あらかじめ規定した時間分働いたとみなす，みなし労働時間制などがあります。これらの労働時間制はすべて，在宅勤務においても適用可能なものです。

　厚生労働省の「平成26年度テレワークモデル実証事業（企業アンケート）」によると，テレワーク実施企業では，通常の労働時間制を採用している企業の割合が最も高くなっています。その一方で，変形労働時間制やみなし労働時間制を採用している企業の割合も，テレワーク未実施企業と比べて高くなっています。

　2　育児・介護休業法に基づく短時間勤務制度については，1日の労働時間を原則として6時間（5時間45分から6時間まで）とする措置を含むなど，同法が定める一定の要件を満たすことが必要とされます。

52

　在宅勤務者に適用する労働時間制については，在宅勤務時の業務内容や業務遂行の方法，企業ごとの事情などに応じて，自社に適したものを検討

図表3-1　労働時間制の種類と概要

種　類		概　要
通常の労働時間制		1日8時間，週40時間の法定労働時間を所定労働時間とする
短時間労働時間制		日および週の所定労働時間を通常の所定労働時間より短くする（育児・介護休業法に基づく短時間労働時間制では，1日の所定労働時間は原則として6時間）
変形労働時間制	フレックスタイム制	始業・終業時間を従業員の決定にゆだね，清算期間を平均して1週当たりの労働時間を40時間以内とする
	1週間単位の非定型的変形労働時間制	規模30人未満の小売業，旅館，料理・飲食店の事業において，労使協定により，1週間単位で毎日の労働時間を弾力的に定めることができる（1日の労働時間の上限は10時間）
	1か月単位の変形労働時間制	1か月以内の期間を平均して1週当たりの労働時間が法定労働時間を超えないように定めた場合に，特定の週または特定の日において法定労働時間を超えて労働させることができる
	1年単位の変形労働時間制	1か月を超え1年以内の期間を平均して1週当たりの労働時間が法定労働時間を超えないことを条件として業務の繁閑に応じて労働時間を配分することができる
みなし労働時間制	事業場外みなし労働時間制	事業場外で労働が行われた場合で労働時間を算定し難いときは，所定労働時間または労使協定で定めた時間働いたものとみなす
	専門業務型裁量労働時間制	業務の性質上，業務遂行の手段や方法，時間配分等を大幅に労働者の裁量にゆだねる必要がある業務の中から対象となる業務を労使で定め，労働者を実際にその業務に就かせた場合，労使で定めた時間働いたものとみなす
	企画業務型裁量労働時間制	企業の事業運営に関し，「企画」「立案」「調査」「分析」を行う労働者の1日の労働時間を，その実労働時間にかかわらず，その企業に設置された労使委員会で定めた時間労働したものとみなす

し，選択することが求められます。ただし，労働時間制には，それぞれ定められた要件があるため，適用にあたっては，それらの要件が満たされていることが条件となります。

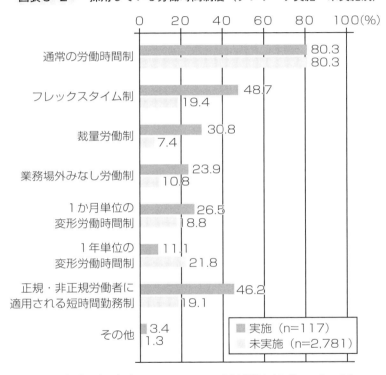

図表3-2　採用している労働時間制度（テレワーク実施・未実施別）

（出典）　厚生労働省「平成26年度テレワークモデル実証事業」（企業アンケート）。

(2) 「労働時間の適正な把握のために使用者が講ずべき措置に関するガイドライン」の遵守

労働時間の管理については，厚生労働省による「労働時間の適正な把握

のために使用者が講ずべき措置に関するガイドライン（平成29年1月20日策定）」があります。企業は，従業員の労働時間について，みなし労働時間制が適用される労働者や労働基準法41条に規定される管理監督者を除き，同ガイドラインに基づいた労働時間の管理を行う必要があります。

　同ガイドラインでは，始業・終業時刻の確認方法について，原則として，使用者による現認またはタイムカード，ICカード，パソコンの使用時間の記録など，客観的な方法によることとしています。また，やむを得ず自己申告によって労働時間の確認を行う場合は，使用者は，労働者に対して適正に申告を行うよう十分に説明するとともに，管理者に対しても，同ガイドラインに従って講じなければならない措置について十分に説明することとしています。さらに，使用者は，自己申告によって把握した労働時間が実際の労働時間と合致しているか，必要に応じて実態調査をして労働時間の補正を行うものとされ，また，自己申告できる時間外労働の時間数に上限を設けたり，申告を認めないなど，適正な申告を阻害する措置を講じてはならず，労使協定で定めた延長できる時間を超えて労働しているにもかかわらず，記録上これを守っているようにすることが慣習的に行われていないことの確認をするための措置を講じることとされています。

(3)　在宅勤務者の始業・終業時刻の確認

　在宅勤務者の始業・終業時刻を確認する方法は，複数あります。一般的には，管理者である上司に対して電子メールを送り，「これから業務を開始します。」，「本日の業務を終了します。」など，始業・終業時に報告させる方法がとられています。この方法では，始業・終業の時刻について記録が残るだけでなく，始業時にその日行う業務内容や仕事の進め方について確認し，終業時にその日行った業務内容や進捗状況を報告させることができます。また，電子メールの送信先に一緒に仕事をする従業員を加えるこ

とで，情報を共有することが可能となります。在宅勤務者にとっても，始業・終業時に報告を行うことで，仕事と私生活の切り替えが行い易くなり，長時間労働防止効果も期待できます。

電子メールによる報告のほか，電話で報告させたり，勤怠管理ツールを利用したり，あるいは，就業時間中は常時通信可能な状態を維持させておくという方法もあります。電話での報告は，メール作成の手間がかからず，直接話をすることができるため，コミュニケーションの確保にも役立つという面があります。また，勤怠管理ツールを活用した労働時間の管理は，従業員の人数が多い場合でも管理がしやすく，情報共有が簡単で，勤怠データの集計作業を削減できるなどのメリットがあります。常時通信可能な状態を維持する方法では，報告の手間を省くことができます。

在宅勤務者の労働時間の確認方法については，様々な考え方があり，どの方法を選択するかについては，在宅勤務の導入目的や在宅勤務者の業務内容，仕事の仕方などに応じて検討することが求められます。ただ，いずれの方法による場合でも，運用ルールを定めたら，それを徹底することが大切です。

PICK UP　プレゼンス管理ツールの活用

プレゼンス管理ツールとは，従業員の在席状況や業務の進捗状況を確認するための業務用システムのことをいいます。労働時間の管理に，プレゼンス管理ツールを利用することで，在席・離席の状況を常時確認することができ，業務と私用が混在する在宅勤務においても，労働時間を正確，かつ自動的に集計することができます。また，上長が在宅勤務者のパソコンの作業画面を閲覧することで，業務の遂行状況を随時確認することも可能です。

「そこまで厳しく監視しなくてもいいんじゃないか？」という声が聞こえてきそうですが，プレゼンス管理ツールを利用することで，「在宅勤務時の労務管理

が難しい」と考える管理職の不安を軽減できると同時に，「サボっていると思われていないか」という在宅勤務者の不安を軽減する効果が期待できます。さらに，オフィスおよび自宅で働いている人の姿をパソコンの画面上に表示することで，オフィスで働いているときと同じように相手の顔を見ながら話しかけられるなど，コミュニケーションの確保においても，有効に機能するものといえます。

　ただ，従業員が自律的に働くことで生産性の向上を図ることを目的として在宅勤務を導入する場合や，目標管理制度が適正に運用されている場合には，プレゼンス管理ツールを導入する必要性は，特にないものと思われます。

⑷　中抜け時間の取扱い

　在宅勤務では，生活空間でもある自宅で仕事をするため，宅配便が届いたり，急な雨で洗濯物と取り込んだりと，ちょっとした用事で業務を中断することが想定されます。中断した時間については，中断が発生した都度報告させて，1分単位で厳格に管理することも考えられます。しかしながら，オフィスでの勤務においても，トイレに立ったり，給湯室でお茶をいれたり，喫煙スペースで煙草を吸うなど，就業時間中に業務を中断することが日常的にあることに鑑みると，在宅勤務においても，ある程度は柔軟な運用を行うことが考えられます。

　その一方で，育児・介護を理由とする在宅勤務では，子供の保育園への送迎や，要介護者の世話などで，業務の中断が一定時間生じることが想定されます。このような「中抜け時間」については，通常の労働時間制を適用する場合でも，所定労働時間を柔軟に変更できる仕組みをあらかじめ設けておくことにより，仕事と育児・介護の両立に資する対応が可能になると考えられます。たとえば，始業・終業時刻の繰り上げ・繰り下げを行い，休憩時間を通常より長く設定したうえで，休憩時間を分割して取得することを認めることで，育児・介護期にある従業員が就労時間を短縮すること

なく働けるようになります。

　雇用型テレワークガイドラインでは，在宅勤務時における中抜け時間については，開始時間と終了時間を報告させて休憩時間として扱ったり，労働者のニーズに応じて始業時刻や終業時刻の繰り上げ・繰り下げを行ったり，あるいは，時間単位の年次有給休暇として取り扱うことが考えられるとしています。さらに，「テレワーク制度の導入にあたっては，いわゆる中抜け時間や部分的テレワークの移動時間の取扱いについて，労働者と使用者との間でその取扱いについて合意を得ておくことが望ましい」されており，これらの時間の取扱いについては，在宅勤務規程や在宅勤務マニュアルに定め，在宅勤務に関する説明会等で従業員にあらかじめ周知しておくことが考えられます。

　なお，始業・終業時刻や休憩時間を変更する対応をとる場合には，あらかじめその旨を就業規則に定めておくことが必要です。また，時間単位の有給休暇の付与については，労使協定の締結が必要です。

(5)　移動時間の取扱い

　在宅勤務導入済み企業では，部分的在宅勤務が広く実施されています。午前中だけ在宅勤務を行って午後はオフィスで仕事をしたり，夕方早めに帰宅して在宅勤務で残りの仕事を行うような場合，就労場所の移動にかかる時間の取扱いの問題が生じます。

　雇用型テレワークガイドラインでは，移動にかかる時間が労働時間に該当するか否かは，「使用者の指揮命令下に置かれている時間であるか否かにより，個別具体的に判断されることになる」としています。在宅勤務者が自らの都合により会社と自宅の間を移動する場合，移動中においても業務を行うことが義務付けられているなどの事情がない限り，移動中は使用者の指揮命令下にあるとはいえず，労働時間には該当しないと考えられま

す。他方，在宅勤務中に会社から出勤を命じられて出社することになった場合については，雇用型テレワークガイドラインでは，「使用者が労働者に対し業務に従事するために必要な就業場所間の移動を命じており，その間の自由利用が保障されていない場合の移動時間は，労働時間と考えられる。たとえば，テレワーク中の労働者に対して，使用者が具体的な業務のために急きょ至急の出社を求めたような場合は，当該移動時間は労働時間に当たる」としています。

CASE 在宅勤務を柔軟な時間の使い方を可能とする制度と組み合わせて活用している事例①

　日本航空株式会社では，「場所にしばられない働き方の実現で，生産性の向上を果たす」を目的として，2014年4月から在宅勤務のトライアルを開始し，2015年4月から本格導入しています。利用可能回数は週1回で，半日年休や直行直帰と組み合わせることも可能としています。

　同社では，在宅勤務時には，所定の労働時間を勤務すれば勤務時間の一時中断を認める「分割勤務制度」を導入しています。また，日ごとに個人単位で始業時間を選べる「勤務時間選択制度」（7時から10時で業務開始時間を選ぶことができ，フルタイム勤務でも16時に終業することが可能）があり，前日までに翌日の勤務時間を申請すればよく，「分割勤務制度」と「勤務時間選択制度」を併用することも可能としています。

日本航空（株）の在宅勤務実施者の声

性別・年齢	30歳代女性
家族状況	既婚，子供なし
通勤時間・手段	40分（電車通勤）
主な業務内容	法人対象の精算業務等
在宅勤務 開始時期	2014年8月
在宅勤務 実施の理由	トライアル対象で開始
在宅勤務の 実施頻度	週1回
労働時間制度	通常の労働時間 （ただし，勤務時間選択制度）

在宅勤務 実施者の声	・在宅勤務時の業務はオフィス勤務時と同じであるが，在宅勤務時は集中して処理する仕事（例えばマニュアル作りなど）を行うよう，意図的に仕事の仕分けをしている。 ・勤務時間選択制度を有効に活用し，在宅勤務時は早めの始業時間を選択し，終業時間を繰り上げることが可能となるため，夕方の時間を個人の趣味や自己啓発などに使うことが可能となっている。 ・在宅勤務日は出勤前の身の回りの用事に時間をかける必要がなく，通勤もないため，リラックスした気分で仕事を始めることができる。

	【在宅勤務日】		【出社日】
5：00	睡眠	5：00	睡眠
6：00		6：00	
7：00	身の回り	7：00	身の回り
8：00	食事・休憩 / 身の回り	8：00	食事・休憩 / 身の回り
9：00	自宅で業務	9：00	通勤
10：00		10：00	職場で業務
11：00		11：00	
12：00	食事・休憩 / 身の回り	12：00	食事・休憩
13：00		13：00	
14：00		14：00	
15：00	自宅で業務	15：00	職場で業務
16：00		16：00	
17：00	身の回り	17：00	
18：00	趣味・娯楽	18：00	通勤
19：00	身の回り	19：00	買い物
20：00	食事・休憩	20：00	身の回り
21：00	身の回り	21：00	食事・休憩
22：00	趣味・娯楽	22：00	身の回り
23：00		23：00	趣味・娯楽
24：00	睡眠	24：00	睡眠
25：00		25：00	

朝の身支度に時間がとられないので，在宅勤務日は出社日よりも1時間早く始業する。

勤務時間選択制度により，早く始業して，早く終業できるので，プールに行くなど健康的な生活が可能となっている。

（出典）　国土交通省都市局都市政策課都市環境室「平成27年度テレワーク人口実態調査―調査結果の概要―」より要約。

第3章　労務管理体制見直しのポイント　　61

CASE 在宅勤務を柔軟な時間の使い方を可能とする制度と組み合わせて活用している事例②

　佐賀県では，行政サービスの向上や業務の効率化，災害時の業務継続性の確保，職員のワークライフバランスの確立，および離職防止による人材確保を目的として，2010年10月から在宅勤務を導入しています。週1回は勤務オフィスへの出勤が条件とされており（多くは週1のペース），所属長への簡単な電子申請だけで実施可能です。

　勤務開始時にPCを立ち上げ，県のポータルサイトにアクセスすると，トップ画面が「出勤」確認の画面となり，その時点で出勤の確認がなされます。所属長に勤務開始報告および当日行う業務内容の報告をメールで行い，勤務終了時には，終了の報告と行った業務の報告をメールで行います。

　早出遅出勤務の制度等と在宅勤務制度を組み合わせることで，在宅勤務の労働時間にフレキシビリティをもたせています。

佐賀県庁の在宅勤務実施者の声

性別・年齢	40歳代女性
家族状況	既婚，高3/中3/小6/小1の4人の子供
通勤時間・手段	30分（車通勤）
主な業務内容	統計業務
在宅勤務開始時期	2008年1月
在宅勤務実施の理由	在宅勤務のトライアルから実施，その効果を感じたため。育児との両立。
在宅勤務の実施頻度	週2日（火曜日と木曜日）
労働時間制度	在宅勤務日：通常の労働時間制 登庁勤務日：30分の遅出勤務

在宅勤務実施者の声	・タブレットも大量配備しており，在宅勤務時にも活用している。 ・週1回登庁すればよい（週4日まで在宅勤務が可能）ので，子供がインフルエンザにかかったときなどでも休暇を取らずにすむというメリットもある。

	【在宅勤務日】		【登庁勤務日】	
在宅勤務日は通常勤務（8:30 始業）登庁勤務日は遅出勤務（9:00 始業）この制度は年度単位で申請。	5：00	睡眠	5：00	睡眠
	6：00	身の回り	6：00	身の回り
	7：00	食事・休憩	7：00	食事・休憩
		身の回り		身の回り
	8：00	育児・子育	8：00	育児・子育
				通勤
昼休み休憩時間に近くのスーパーで買い物，夕食の準備も行えるので，在宅勤務日の夕食は内容が濃く，家族も大歓迎。	9：00	自宅で業務	9：00	
	10：00		10：00	職場で業務
	11：00		11：00	
	12：00	買い物 食事・休憩	12：00	食事・休憩
登庁出勤日は打ち合わせを優先させている。	13：00		13：00	
	14：00		14：00	職場で業務
在宅勤務日のオフィスとのコミュニケーションは，導入済みのコミュニケーションツールで内線電話と同じようにビデオ通話が可能。外部への通話は，携帯電話料金の公私分計サービスで，通話料が県庁に請求されるツールを利用。	15：00	自宅で業務	15：00	
	16：00		16：00	
	17：00		17：00	
	18：00	身の回り	18：00	通勤
				身の回り
	19：00	食事・休憩	19：00	食事・休憩
	20：00	育児・子育	20：00	育児・子育
在宅勤務日は洗濯，片付けなどに余裕を持って対応できる。	21：00		21：00	
	22：00	身の回り	22：00	身の回り
	23：00	趣味・娯楽	23：00	趣味・娯楽
	24：00	睡眠	24：00	睡眠
	25：00		25：00	

（出典）　国土交通省都市局都市政策課「平成27年度テレワーク人口実態調査（企業等ヒアリング調査）―資料編―」より要約。

第3章　労務管理体制見直しのポイント　　63

CASE 在宅勤務を柔軟な時間の使い方を可能とする制度と組み合わせて
活用している事例③

　株式会社テレワークマネジメントでは，日本初のテレワーク導入専門のコンサル
ティング会社として，他社のロールモデルとなる「理想のテレワーク」を探求・実
施するため，2008年の会社設立時より全社員がテレワーク（終日在宅勤務，部分在
宅勤務，モバイルワーク）を実践しています。
　同社では，テレワーク実施時の始業・終業ルールに関して，自社で独自開発した
クラウド上の在宅管理システム「Fチェア」を使用して労働時間の記録を行ってい
ます。同社のシステムは，「着席」「退席」ボタンで在席状況を報告し，仕事をして
いる時間だけがサーバに記録され，総実労働時間を算出するようになっているため，
子どもの急な発熱等で仕事を中断しなければならない場合でも，一日の所定労働時
間を守りながら，柔軟に働くことが可能です。また，従業員が自ら総実労働時間を
確認しながら働くことで，時間への意識が高まり，過重労働を防ぐと同時に，業務
効率の向上にも役立っています。

（出典）　厚生労働省「平成27年度テレワーク推進企業等厚生労働大臣表彰～輝くテレワー
　　　　ク賞～事例集」。

⑹　フレックスタイム制

　フレックスタイム制は，1か月以内の一定の清算期間における総労働時
間を労使協定において定め，清算期間を平均し，1週当たりの労働時間が
法定労働時間を超えない範囲において，労働者が始業および終業の時刻を
自ら決定して働くことができる制度です。フレックスタイム制が適用され
ている場合には，労働時間を従業員の意思により決定できるため，業務の
開始時刻や終了時刻，または休憩時間を本人の都合に合わせて調整するこ
とで，フレキシブルな働き方が可能となります。たとえば，通常勤務の日
は労働時間を長くし，在宅勤務の日は労働時間を短くして家庭生活にあて
る時間を増やすといった働き方もできるようになります。

フレックスタイム制を導入する場合は，始業および終業の時刻を従業員の決定に委ねる旨を就業規則に定めると共に，労使協定により，次の事項を定める必要があります。

① 対象となる従業員の範囲
② 清算期間
③ 清算期間における総労働時間
④ 標準となる1日の労働時間
⑤ コアタイム[3]を設ける場合は，その開始および終了の時刻
⑥ フレキシブルタイム[4]を設ける場合は，その開始および終了の時刻

在宅勤務導入にあたっての課題の一つとして「従業員が過重労働に陥るおそれがあること」があげられますが，在宅勤務者にフレックスタイム制を適用する場合は，フレキシブルタイムやコアタイムを設定して，長時間労働や早朝・深夜時間帯の勤務を制限することで，過重労働を防止する効果が期待できます。

なお，雇用型テレワークガイドラインでは，フレックスタイム制はテレワークにおいても活用可能なものであるとしたうえで，フレックスタイム制は，あくまで始業および終業の時刻を労働者の決定に委ねるものであり，使用者は，「労働時間の適正な把握のために使用者が講ずべき措置に関するガイドライン」に基づき，各労働者の労働時間の把握を適切に行わなければならないとされています。

3　かならず労働しなければならない時間帯。
4　労働者がその選択により労働できる時間帯。

第3章 労務管理体制見直しのポイント　65

CASE 　在宅勤務をフレックスタイム制と組み合わせて活用している事例

カルビー（株）の在宅勤務実施者の声

性別・年齢	30歳代女性
家族状況	既婚，小4の子供1人
通勤時間・手段	1時間（電車通勤）
主な業務内容	秘書業務
在宅勤務 開始時期	2014年4月
在宅勤務 実施の理由	働き方の改革，及び育児・介護
在宅勤務の 実施頻度	月3〜6回
労働時間制度	フレックスタイム制

在宅勤務 実施者の声	・自分が在宅勤務をしたい日にスケジュールの調整が難しい場合には，同僚に協力を依頼する（お互いにこうした協力は日々行っている）。 ・会議が予定された場合には，自宅から電話会議で参加することもある。 ・郵便物のチェックと紙資料を使うこと以外は，在宅勤務でもオフィスと同じ仕事ができる。 ・PCは会社支給のものを使うルールなので，在宅勤務日はそれを持ち帰るのが少し心配である。 ・ご主人（別の会社に勤務）も在宅勤務を行っている。

	【在宅勤務日】		【出社日】
近くに居住する父親のデイケアの手伝い／見送りを余裕を持ってこなせる。	5：00	睡眠	5：00 睡眠
	6：00	身の回り / 自宅で業務 身の回り	6：00 身の回り / 食事・休憩
通勤時間中に仕事関係のメールをチェック，処理可能なものはその場で対応。	7：00	自宅で業務 身の回り	7：00 身の回り
	8：00		8：00 通勤
	9：00	自宅で業務	9：00
	10：00		10：00 職場で業務
	11：00		11：00
近くに居住する父親が在宅の場合には，一緒に昼食をとることができる。	12：00	食事・休憩	12：00 食事・休憩
	13：00	自宅で業務	13：00
	14：00		14：00
	15：00		15：00 職場で業務
育児と家事を同時進行しながら，仕事も進める。	16：00	身の回り	16：00
	17：00	自宅で業務	17：00
	18：00	食事・休憩 / 自宅で業務	18：00
帰宅の通勤時間は，ネットショッピングで必要なものを購入。	19：00	身の回り	19：00 通勤
	20：00		20：00 買い物 / 通勤
夕食時間を含む。オフィス勤務日は夕食の時間が遅くなりがち。	21：00	自宅で業務 身の回り	21：00 身の回り
	22：00		22：00
	23：00		23：00
在宅勤務日は早めに就寝。	24：00	睡眠	24：00 睡眠
	25：00		25：00

（出典）国土交通省都市局都市政策課「平成27年度　テレワーク人口実態調査（企業等ヒアリング調査）—資料編—」より要約。

PICK UP　労働基準法改正によるフレックスタイム制の見直し

　労働基準法の改正案には，フレックスタイム制の見直しに関する事項が盛り込まれています。改正案では，子育てや介護等の事情を抱える働き手のニーズを踏まえ，柔軟でメリハリのある働き方を一層可能にするために，月をまたいだ弾力

第3章　労務管理体制見直しのポイント　67

> 的な労働時間の配分を可能にするため，これまで1か月だった清算期間の上限を
> 3か月に延長するほか，決められた労働時間より短い時間で仕事を終えた場合に
> は，年次有給休暇を取得したものとみなすことにより，報酬を減らすことなく働
> くことができる仕組みなどが盛り込まれています。

(7)　事業場外みなし労働時間制

　事業場外みなし労働時間制は，労働者が労働時間の全部または一部につ
いて事業場外で労働に従事した場合において，使用者の具体的な指揮監督
が及ばず，労働時間を算定することが困難なときは，就業規則等で定めら
れた所定労働時間を労働したものとみなす制度です。ただし，業務を遂行
するために通常所定労働時間を超えて労働することが必要となる場合には，
当該必要とされる時間労働したものとみなされ，労使の書面による協定が
あるときには，協定で定める時間がその業務の遂行に通常必要とされる時
間として認められます。なお，労使協定で定める時間が法定労働時間を超
える場合は，当該労使協定を所轄の労働基準監督署長へ届け出なければな
りません（労使協定で定める労働時間が法定労働時間内であれば，労使協
定の届出は不要です）。

　なお，「業務の遂行に通常必要とされる時間」労働したものとみなす場
合において，労働時間の一部について事業場内で業務に従事した日につい
ては，事業場内で業務に従事した時間と「業務の遂行に通常必要とされる
時間」とを加えた時間が労働時間となります。そのため，導入済み企業で
は，完全在宅勤務を行う者や，随時在宅勤務者が終日在宅勤務を行う日に
おいてのみ，事業場外みなし労働時間制を適用しているところもあります。

図表３-３　在宅勤務に事業場外労働みなし労働時間制を適用した場合の労働時間の算定方法

①終日在宅勤務の場合

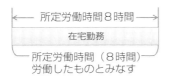
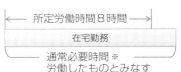

②部分在宅勤務の場合

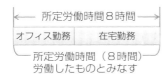
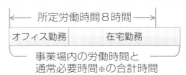

※通常必要時間について労使協定で定めた場合は、その定めた時間が通常必要時間となります。

　在宅勤務者に事業場外みなし労働時間制を適用するにあたっては、就業規則において事業場外みなし労働時間制に関する事項が定められていることに加えて、次の要件をいずれも満たす必要があります。

① 業務に用いる情報通信機器が、使用者の指示により常時通信可能な状態におくこととされていないこと
② 随時使用者の具体的な指示に基づいて業務を行っていないこと

　雇用型テレワークガイドラインでは、①の「情報通信機器が、使用者の指示により常時通信可能な状態におくこととされていないこと」とは、情報通信機器を通じた使用者の指示に即応する義務がない状態であることを指すとしています。使用者が労働者に対して、パソコンなどの情報通信機器を用いて電子メール、電子掲示板等により、随時、具体的指示を行うこ

とが可能であり，かつ，労働者が使用者からの具体的な指示に備えて手待ち状態で待機しているか，または，待機しつつ実作業を行っている状態であれば，「常時通信可能な状態」にあるといえます。これ以外の状態，たとえば，単に回線が接続されているだけで労働者が情報通信機器の側から離れることが自由であったり，随時，通信可能な状態を切断したりつなげたりできる場合は，「常時通信可能な状態」にはあたりません。

　また，②の「随時使用者の具体的な指示に基づいて業務を行っていないこと」には，業務の目的，目標，期限等の基本的事項を指示することや，これらの基本的事項について所要の変更を指示することは含まれません。

　なお，在宅勤務者への事業場外みなし労働時間制の適用については，在宅勤務者が一日中オフィスで勤務する日については事業場外みなし労働時間制を適用することができません。使用者による指揮監督が及び，労働時間を算定することが困難でない場合には，事業場外みなし労働時間制の適用は認められませんので，注意が必要です。

(8)　専門業務型裁量労働時間制

　専門業務型裁量労働時間制は，業務の性質上，その適切な遂行のために，遂行の方法を大幅に労働者の裁量に委ねる必要があるため，業務の遂行手段および時間配分の決定等に関し，使用者が具体的な指示をしないこととする業務に就かせた場合に，労使協定で定めた時間を労働したものとみなす制度です。専門業務型裁量労働時間制の対象業務は，研究業務，情報処理システムの分析・設計業務，取材・編集業務，デザインの考案業務など，専門性の高い業務に限定されていますが，これらの業務を行う在宅勤務者にも適用することができます。専門業務型裁量労働時間制を新たに導入する場合は，次の事項を労使協定で定めて，所轄の労働基準監督署に届け出る必要があります。

① 対象とする業務
② 業務遂行の手段・方法，時間配分等に関し労働者に具体的な指示をしないこと
③ 労働時間としてみなす時間
④ 労働者の労働時間の状況に応じて実施する健康・福祉を確保するための措置の具体的内容
⑤ 労働者からの苦情の処理のために実施する措置の具体的内容
⑥ 協定の有効期間
⑦ ④および⑤に関し労働者ごとに講じた措置の記録を協定の有効期間およびその期間満了後３年間保存すること

(9) 企画業務型裁量労働時間制

企画業務型裁量労働時間制は，企業の事業運営に関し，企画，立案，調査，分析を行っている従業員の一日の労働時間を，その実労働時間にかかわらず，労使委員会で決議した時間を労働したものとみなす制度です。企画業務型裁量労働時間制を新たに導入するにあたっては，次の手続きによることが必要です。

① 労使委員会を設置する
② 労使委員会で企画業務型裁量労働時間制の導入について決議する
③ 労働基準監督署に決議内容を届け出る
④ 対象となる従業員の同意を得る
⑤ 制度を実施に移す
⑥ 定期的に労働基準監督署に報告を行う
⑦ 決議の有効期間の満了後，継続する場合は②に戻る

雇用型テレワークガイドラインでは，専門業務型裁量労働時間制や企画業務型裁量労働時間制の対象となる労働者についてもテレワークを活用することが可能であるとしたうえで，裁量労働制では，「労使協定で定めた時間または労使委員会で決議した時間を労働時間とみなすこととなるが，労働者の健康確保の観点から，決議や協定において定めるところにより，勤務状況を把握し，適正な労働時間管理を行う責務を有する」としています。さらに，「必要に応じ，労使協定で定める時間が当該業務の遂行に必要とされる時間となっているか，あるいは，業務量が過大もしくは期限の設定が不適切で労働者から時間配分の決定に関する裁量が事実上失われていないか労使で確認し，結果に応じて，業務量等を見直すことが適当である」としています。

　いずれの労働時間制を適用する場合でも，会社が従業員の労働時間を管理する責務を負っていることに変わりはありません。また，みなし労働時間制を適用する場合でも，働いたとみなされる時間が法定労働時間を超える場合には，その超える時間に対する割増賃金の支払いが必要であり，深夜労働や休日労働が行われた場合は，深夜労働や休日労働に対する割増賃金の支払いが必要となります。

PICK UP　育児・介護休業法に基づく短時間勤務者に適用する労働時間制

　育児休業をしていない３歳未満の子を養育する労働者から申し出があった場合，使用者は，所定労働時間の短縮措置を講じなければなりません（育児・介護休業法23条１項）。育児・介護休業法に基づく短時間勤務を行う者に在宅勤務を適用することは，育児と仕事を両立させるための支援の促進を目的とする同法の趣旨にもかなうものであり，問題ありません。

　育児・介護休業法に基づく短時間勤務を行う労働者の労働時間の管理に関して

は，厚生労働省「改正育児・介護休業法に関する Q&A（平成22年２月26日版）」において，通常の労働時間制のほか，フレックスタイム制，時間外みなし労働時間制，裁量労働制のいずれを適用することも可能であるとされています。

ただし，みなし労働時間制の適用については，「事業主は，制度を設けるだけでなく，実際に短時間勤務ができることを確保することが必要であること。このため，事業主は，必要に応じ，みなし労働時間を短縮するとともに業務内容・量の削減などを行い，実際に短時間勤務ができることを確保することが必要であり，単にみなし労働時間を短縮するだけで，常態として短時間勤務が実現されていない場合は，事業主の義務を果たしたとは評価されないこと。ただし，裁量労働制においては，時間配分の決定に関して具体的な指示をすることはできないことに留意すること。」と明記されていますので，在宅勤務を行う育児・介護休業法に基づく短時間勤務者に事業場外みなし労働時間制や裁量労働制を適用する場合は，これらの点に留意する必要があります。

⑽　休憩時間の取扱い

労働基準法では，原則として，休憩時間を労働者に一斉に付与することとされていますが，労使協定を締結することにより，一斉付与の適用対象外とすることができます。

また，在宅勤務者が就業時間中に会社と自宅の間を移動した場合の移動時間や，育児・介護などの私的活動に要する時間については，休憩時間として取り扱うことが考えられることから，在宅勤務の導入にあたっては，休憩時間の取扱いについて就業規則等で明確にしておくことが望まれます。

雇用型テレワークガイドラインでは，「テレワークを行う労働者について，本来休憩時間とされていた時間に使用者が出社を求める等具体的な業務のために就業場所間の移動を命じた場合，当該移動は労働時間と考えられるため，別途休憩時間を確保する必要があることに留意する必要がある」としています。

⑾ 時間外労働・休日労働の管理

　在宅勤務者にも，時間外労働や休日労働を行わせることができます。この場合は，当然のことですが，時間外・休日労働にかかる36協定の締結・届出および割増賃金の支払いが必要となります。また，深夜労働を行わせた場合は，深夜労働にかかる割増賃金の支払いが必要です。ただ，在宅勤務の場合，所定労働時間を超えて仕事をすることを安易に認めてしまうと，それが常態化して過重労働を発生させるリスクが高まることが懸念されます。そのため，在宅勤務導入済み企業では，在宅勤務での時間外労働や休日労働，深夜労働を原則禁止としているところが少なくありません。

　禁止されているにもかかわらず，在宅勤務者が勝手に時間外労働や休日労働，深夜労働を行った場合は，使用者の関与のない労働については，労働基準法上の労働時間として扱わないものとされていることから，原則として，会社は割増賃金を支払う必要がありません。

　雇用型テレワークガイドラインでは，「労働者が時間外，深夜または休日（以下「時間外等」といいます）に業務を行った場合であっても，少なくとも，就業規則等により時間外等に業務を行う場合には事前に申告し使用者の許可を得なければならず，かつ，時間外等に業務を行った実績について事後に使用者に報告しなければならないとされている事業場において，時間外等の労働について労働者からの事前申告がなかった場合または事前に申告されたが許可を与えなかった場合であって，かつ，労働者から事後報告がなかった場合について，次のすべてに該当する場合には，当該労働者の時間外労働等の労働は，使用者のいかなる関与もなしに行われたものと評価できるため，労働基準法上の労働時間に該当しないものである」としています。ただし，会社における事前許可制・事後報告制について，申告時間に上限が設けられていたり，実績どおりに申告しないように使用者

から働きかけや圧力があったなど，実態を反映していないと判断される事情がないことが前提となります。

---

① 時間外等に労働することについて，使用者から強制されたり，義務付けられたりした事実がないこと。
② 当該労働者の当日の業務量が過大である場合や期限の設定が不適切である場合など，時間外等に労働せざるを得ないような使用者からの黙示の指揮命令があったと解される事情がないこと。
③ 時間外等に労働者からメールが送信されていたり，時間外等に労働しなければ生み出しえないような成果物が提出されたなど，時間外等に労働したことが客観的に推測できるような事実がなく，使用者が時間外等の労働を知りえなかったこと。

⑿　長時間労働の防止対策

　在宅勤務の導入については，業務の効率化による労働時間の削減が期待される一方で，従業員の自宅を就労場所とすることでオンとオフの切り替えがあいまいになり，却って長時間労働を発生させる原因になるのではないかとの懸念もあります。また，在宅勤務者が「サボっていると思われたくない」という思いから，必要以上に頑張ってしまい，所定労働時間を超えて働いてしまうことも考えられます。実際，在宅勤務導入済み企業では，在宅勤務を適用した従業員が長時間労働になりがちであることを理由に，在宅勤務を行わなくなってしまうケースも発生しています。

　雇用型テレワークガイドラインでは，テレワーク実施時の長時間労働等を防ぐ方法として，役職者等からの時間外，休日または深夜におけるメール送付の抑制，システムへのアクセス制限，時間外・休日・深夜労働の原則禁止，長時間労働等を行う者への注意喚起などがあげられています。

第3章　労務管理体制見直しのポイント　　75

　ここ数年，スマートフォンやSNSの利用が急速に拡大しており，時間や場所を選ばず，いつでもどこでも，メールやメッセージをやり取りすることが可能となっています。就業時間後の電話連絡は多少はばかられても，メールやメッセージなら後で時間があるときに見ればよいのだからと，時間外や深夜，休日でも部下にメールやメッセージを送信してしまう上司は少なくないものと思われます。送った上司としては，単に「忘れないうちに連絡しておこう」くらいの軽い気持ちであることが少なくないと思われます。しかし，連絡を受けた部下としてはそのまま放置するわけにもいかず，そのことが長時間労働の原因になるだけでなく，精神的負荷の原因にもなっていると思われます。そのため，緊急対応を要する場合を除き，時間外，深夜，休日における業務メール等の送信を原則禁止とすることは，在宅勤務者の長時間労働を防止するうえで，有効な手段だといえます。

　また，在宅勤務では，社内システムに外部のパソコン等からアクセスすることが少なくありませんが，在宅勤務時の時間外，深夜，休日労働を禁止したうえで，就労時間外に外部のパソコン等から社内システムにアクセスできないように設定したり，労務管理システムを利用して，長時間労働が生じるおそれがある従業員に対しては自動的に警告を表示するなど，技術的手段を用いることも，長時間労働防止対策として有効です。

　在宅勤務者の長時間労働防止対策については，就業規則等において在宅勤務時の時間外，深夜，休日労働の禁止や事前許可制を定めて，在宅勤務者および管理職に対して周知し，徹底させ，技術的対策も併せて活用し，会社の目の届かないところで行われる労働を防止する体制を整えることが効果的です。

PICK UP 「つながらない権利」

　「つながらない権利」とは，勤務時間外や休日の仕事メール等への対応を拒否できる権利のことをいいます。フランスでは，労働者に対して，勤務時間外の業務連絡の電話や電子メールを完全に遮断する権利（The Right to Disconnect：つながうない権利）を保障する法律が2017年1月に施行され，世界各国から注目されています。

　フランスで「つながらない権利」が法制化された背景には，ICTの普及による働き方の変化があります。週35時間の労働時間制が義務付けられているフランスは，先進国の中で最も労働時間規制の進んだ国として知られていますが，そのフランスにおいてさえも，ICTを活用した職場のデジタルコミュニケーションがオンとオフの境界を曖昧にし，労働時間規制を事実上無効にするおそれが高まっていました。

　スマートフォンがあれば時と場所を選ばずに仕事ができる現代は，勤務時間外の連絡手段が自宅の固定電話に限られていた頃に比べ，オフタイムに仕事上の連絡をすることに対するハードルが明らかに低くなっており，緊急時を除いて深夜や休日に連絡をするのは非常識であるという感覚も薄れています。

　日本には，いまのところ，「つながらない権利」を保障する法律はありませんが，企業の中には，従業員の「つながらない権利」の確保に積極的に取り組んでいるところもあります。一例をあげると，三菱ふそうトラック・バス社では，親会社であるドイツのダイムラー社が2014年8月に導入した長期休暇中の社内メールを受信拒否・自動削除できるシステムを同年12月に導入しています。ジョンソン・エンド・ジョンソングループも，2015年7月に午後10時以降と休日の社内メールのやり取りを原則禁止としました。このほか，在宅勤務導入済み企業の中にも，深夜時間帯や休日・休暇中のメールやメッセージのやり取りを原則禁止としているところがあります。

　在宅勤務を導入する企業が増えつつある中で，従業員の「つながらない権利」を確保するためのルールや仕組みを設けることは，今後ますます重要になるものと思われます。

3 健康管理

　労働安全衛生法では，常時雇用する従業員について，雇入時及び定期の健康診断，雇入時または作業内容変更時における安全衛生教育の実施，長時間労働者に対する面接指導，ストレスチェックの実施[5]などが事業者に義務付けられており，これらは当然のことながら，在宅勤務者にも適用があります。

　在宅勤務を行う従業員に関しては，長時間労働や深夜・休日における労働による過重労働のほか，自宅においてひとりで仕事をすることによる孤独感から，メンタルヘルス不調を生じることが懸念され，会社は在宅勤務者の健康管理に十分留意する必要があります。

図表3-4　　労働者の健康確保措置

労働安全衛生法	事業者が講ずべき措置
66条から66条の7	必要な健康診断とその結果等を受けた措置
66条および69条	長時間労働者に対する医師による面接指導とその結果等を受けた措置 面接指導の適切な実施のための時間外・休日労働時間の算定と産業医への情報提供[6]
66条の10	ストレスチェックとその結果等を受けた措置

　雇用型テレワークガイドラインでは，「労働者の心の健康の保持増進のための指針」に基づき事業者が策定することとされている「こころの健康

5　常時50人以上の労働者を雇用する事業場に義務付けられている。
6　労働安全衛生規則52条の2。

づくり計画」に，テレワークを行う労働者に対するメンタルヘルス対策についても衛生委員会等で調査審議のうえ記載し，これに基づき取り組むことが望ましいとしています。

4　作業環境の整備

在宅勤務者が自宅で業務を行う際の作業環境に関して，雇用型テレワークガイドラインでは，事務所衛生基準規則，労働安全衛生規則および「VDT作業における労働衛生管理のためのガイドライン」[7]（以下「VDTガイドライン」といいます）の衛生基準と同等の作業環境となるよう，テレワークを行う労働者に助言等を行うことが望ましいとしています。

VDTガイドラインは，事業場においてVDT作業[8]を行う際の作業環境に関して，照明，採光，グレア[9]の防止，騒音の低減措置等の基準を定めたものです。したがって，在宅勤務者が自宅でVDT作業を行う場合には，必ずしもこの基準を遵守しなければならないものではありません。しかし，常時自宅でVDT作業に従事する完全型在宅勤務者などについては，健康確保の観点から，事業者がVDT作業ガイドラインで定められる基準を周知して，適切な環境下で作業を行うよう指導すべきものと考えられます。

---

[7]　平成14年4月5日基発第0405001号。

[8]　ディスプレイ，キーボード等により構成されるVisual Display Terminal機器を利用して，データの入力・検索・照合，文章・画像等の作成・編集・修正，プログラミング，監視等を行う作業。

[9]　強烈な光によるまぶしさ。

第3章 労務管理体制見直しのポイント　79

図表3-5　VDTガイドラインによる作業環境管理の基準

①照明及び採光	イ　室内は，できるだけ明暗の対照が著しくなく，かつ，まぶしさを生じさせないようにすること。 ロ　ディスプレイを用いる場合のディスプレイ画面上における照度は500ルクス以下，書類上及びキーボード上における照度は，300ルクス以上とすること。また，ディスプレイ画面の明るさ，書類及びキーボード面における明るさと周辺の明るさの差はなるべく小さくすること。 ハ　ディスプレイ画面に直接または間接的に太陽光等が入射する場合は，必要に応じて窓にブラインドまたはカーテン等を設け，適切な明るさとなるようにすること。
②グレアの防止	ディスプレイについては，必要に応じ，次に掲げる措置を講ずること等により，グレアの防止を図ること。 イ　ディスプレイ画面の位置，前後の傾き，左右の向き等を調整すること。 ロ　反射防止型ディスプレイ画面を用いること。 ハ　間接照明等のグレア防止用照明器具を用いること。 ニ　その他グレアを防止するための有効な措置を講ずること。
③騒音の低減措置	VDT機器及び周辺機器から不快な騒音が発生する場合には，騒音の低減措置を講ずること。
④その他	換気，温度及び湿度の調整，空気調和，静電気除去，休憩等のための設備等について事務所衛生基準規則に定める措置等を講ずること。

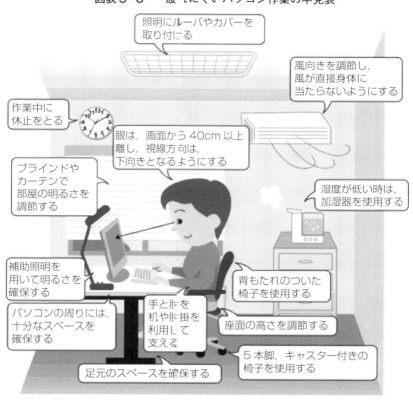

(出典) 独立行政法人労働安全衛生総合研究所「パソコン利用のアクションチェックポイント」。

　会社は，従業員の安全衛生管理について責任を負っていることから，在宅勤務時の作業環境や作業方法について把握し，必要な措置を講じることが求められます。在宅勤務導入済み企業では，在宅勤務者に，あらかじめ自宅内の作業スペースの写真や部屋の見取り図を提出させるなどの対応がとられています。

　しかし，一方で，会社が過度に自宅の作業環境に干渉したり，硬直的な

管理を行うと，在宅勤務が利用しにくいものになってしまう可能性もあります。そのため，会社としては，在宅勤務時の作業環境に関して求められる基準を周知したうえで，具体的な運用については，在宅勤務者の自己管理や自律性に委ねるなど，柔軟な対応をとることが現実的であると考えられます。

　なお，在宅勤務時にテレビ会議やWEB会議を行う目的で，在宅勤務者の同意を得て，作業場所や機器の周辺にカメラを設置する場合があると思われますが，このような場合には，在宅勤務者やその家族のプライバシーを侵害しないよう留意する必要があります。具体的には，カメラの設置場所や映り込む範囲などについて在宅勤務者と話し合って決めたり，必要に応じてカメラ機能のオン・オフを切り替えたりするなどの対応が考えられます。最近では，背景交換機能のあるWEB会議用カメラなども販売されており，そうしたツールを利用することも一案です。

5　労働保険・社会保険の適用

　在宅勤務者も，適用要件を満たす限り，労働保険（労働者災害補償保険・雇用保険）や社会保険（厚生年金保険・健康保険）の適用があります。常時自宅で仕事をして会社に出社することがほとんどない完全型在宅勤務者についても，この点は変わりません。自営業者や家内労働者との区別が必ずしも明確でない場合もありますが，どのような在宅勤務者が労働基準法上の「労働者」に該当するかについては，昭和60年労働基準法研究会報告「労働基準法の『労働者』の判断基準について」に記載されている判断基準が参考になります。「労働者性」の判断基準となる「使用者従属性」については，仕事の依頼や業務従事の指示等に対する諾否の自由の有無，業務遂行上の指揮監督の有無，拘束性の有無，代替性の有無など，労働が

使用者の指揮監督下において行われているか，また，報酬が時間を単位として計算されていて，労務対償性が認められるかといった観点から判断することとされています。また，「労働者性」の判断を補強する要素として，機械・器具の負担関係，報酬の額，専属制の程度が挙げられます。これらの基準からだけでは「労働者性」の有無が明確にならない場合には，報酬について給与所得として源泉徴収がなされているか，労働保険の対象としているか，採用・委託等の際の選考過程が正規従業員の場合と同様であるかなども，判断基準の一つとなります。

6　労災保険

　労働者災害補償保険（以下「労災保険」といいます）は，業務上または通勤上の災害により，労働者が負傷した場合，疾病にかかった場合，障害が残った場合，死亡した場合などにおいて，本人またはその遺族に対して所定の保険給付を行う制度です。

　在宅勤務中の負傷・疾病等については，業務上の災害であると認められれば，労災保険の対象となります。労災保険の適用対象となるためには，「業務遂行性」と「業務起因性」の２つの要件を満たす必要があります。在宅勤務時のけがについて業務上の災害となりうるケースとしては，自宅で所定労働時間にパソコン業務を行っていた在宅勤務者が，トイレに行くために作業場所から離れた後，作業場所に戻り椅子に座ろうとして転倒して，けがをしてしまった場合などがあげられます。個々の事案について業務災害に当たるか否かの判断は，具体的な状況に基づいて，所轄の労働基準監督署が行います。

> 業務遂行性……労働契約に基づいて労働者が事業主の支配下または管理下にある状態のこと
> 業務起因性……業務と負傷・疾病との間に相当因果関係があること

　在宅勤務では，業務の遂行と私生活上の行為が場所的・時間的に混在することから，事前にルールを決めて業務遂行性と業務起因性を判断できるようにしておくことが大切です。具体的には，あらかじめ自宅内の作業スペースの見取り図や写真を提出させて，作業場所を特定したり，業務時間とプライベートの時間を区別できるように，在宅勤務日について業務遂行予定表を提出させることなどが考えられます。

　雇用型テレワークガイドラインでは，テレワーク勤務における災害は，業務上災害として労災保険給付の対象となるが，私的行為等業務以外が原因であるものについては業務上の災害とは認められないことについて，在宅勤務を行っている労働者等，テレワークを行う労働者が十分に理解していない可能性もあるため，使用者はこの点を十分周知することが望ましいとしています。

7　在宅勤務者の評価

　在宅勤務者についても，通常勤務者と同様，公正な評価を行うことが大切です。在宅勤務を選択することで，通常勤務者と比べて不利な評価を受けることになれば，在宅勤務制度があっても，誰も積極的に利用したいとは思わなくなってしまいます。

　しかし，実際には，在宅勤務を導入した際に，管理職が在宅勤務者を適正に評価できるかが課題になることが多く，在宅勤務の導入を躊躇している企業においても，この点を導入しない理由にあげるところが多くなって

います。

　在宅勤務導入済み企業の多くは，在宅勤務の実施頻度を週1～2回，あるいは月数回程度としており，在宅勤務者についても通常勤務者と同じ評価基準を適用しているケースが多くみられます。在宅勤務時の業務の成果や進捗状況を，電話や電子メール，労務管理ツールなどを使用して把握することで，既存の評価制度をそのまま適用することは，可能であると思われます。

　労務行政研究所が2017年6月に実施した「在宅勤務／ITツール等の業務上使用に関する実態調査」では，在宅勤務時の人事評価について，在宅勤務分も出社勤務分と同様に人事評価の対象にしている企業が95.2％と大多数を占めており，在宅勤務における成果を出社勤務分と分けて評価している企業は，全体の1.9％となっています。

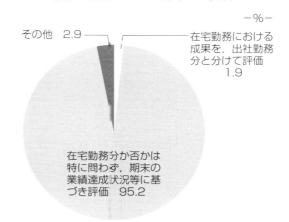

図表3-7　在宅勤務時の人事評価

（出典）　労政時報3935号「在宅勤務制度に関する実態アンケート」。

　その一方で在宅勤務制度の導入に合わせて，新たな評価制度を導入する

第3章　労務管理体制見直しのポイント　　85

企業もあります。特に，完全型在宅勤務者に対する評価については，成果に重きをおいた評価制度を適用するケースが見受けられます。雇用型テレワークガイドラインにおいても，専らテレワークを行う労働者等，職場に出勤する頻度の低い労働者については，業績評価等について，評価者や労働者が懸念を抱くことのないように，評価制度および賃金制度を明確にすることが望ましいとしています。

　人事評価は，個々の従業員の能力，業績，貢献度を評価して，賃金や昇進等の処遇に反映させるためのものです。しかし，人事評価にはもう一つ，重要な目的があります。それは，「従業員の育成」です。企業理念や行動規範，経営目標を意識した人事評価制度を整備し，それに基づいた評価を行うことにより，個々の従業員が会社の理念や目標，従業員として求められる行動について正しく理解し，よい評価を受けるために自ら努力するようになり，結果として，企業が期待する人材が育成されていきます。「人材格差」が「企業格差」につながると言われる時代において，人事評価の意義は，「従業員の処遇の決定」から「期待する人材の育成」へとシフトしつつあります。

　人事評価に「目標管理」を導入している企業では，部下が上司に相談しながら自ら目標を設定し（目標設定），進捗状況を適宜報告して上司の助言・サポートを受けながら業務を遂行し（実行・中間面談），成果について評価を受け（評価），上司との話し合いを通して問題点・改善点を明らかにし（改善），次の目標設定を行います。これらの4つのステップ，目標設定⇒実行・中間面談⇒評価⇒改善のPDCAサイクルが回しながら，評価結果を見える化し，処遇に反映します。そして，その過程において，一人ひとりの従業員の能力開発が図られ，行動改善が業務改善へとつながります。

　目標管理は，従業員が自律的に働くことを前提とする在宅勤務と親和性

が高い評価方法であるといえます。目標管理を導入している企業の割合は，大企業ではおよそ8割，中小企業においても半数以上と言われています。目標管理が適切に運用されていれば，たとえ部下が働く場所がオフィスから自宅にかわっても，そのことによって人事評価ができないということには，ならないものと考えられます。部下が目の前からいなくなることで，評価が難しくなると感じる上司は，部下がオフィスにいるときにおいても，部下の仕事の進捗状況や仕事の成果について，把握し，評価することを適切に行えていない可能性があります。目標管理では，面談を通して部下を導き，課題を明らかにして，解決策を検討し，部下を育成していくスキルが上司に求められますが，実際には，このようなスキルを上司が身につけておらず，目標管理を適切に運用するうえでの課題となっていることが少なくありません。

　働き方改革が進む中で，企業には，従業員がどこで働いていても適切に評価できる人事評価システムの整備を改めて考えることが求められます。

【納得性ある人事評価のポイント】

> ① 評価制度は，できるだけシンプルでわかりやすいものにする。
> ② 評価対象，評価項目，評価基準をオープンにする。
> ③ 評価者に評価制度を十分に理解させる。
> ④ 評価者の評価スキルの向上を図るため，評価者研修を実施する。
> ⑤ 評価結果を被評価者にフィードバックする。
> ⑥ 納得性を高めるために，被評価者の自己評価と評価者による評価の摺合せを行う。
> ⑦ 評価結果に対する異議申立について，評価再検討委員会などを設ける。

第3章 労務管理体制見直しのポイント　87

PICK UP　HRテック，AIと在宅勤務

　「HRテック」とは，Human Resources と Technology を組み合わせた造語で，AIやビッグデータ，クラウド等を活用した，採用，育成，評価，配置，さらには従業員の健康管理を含めた人事労務管理業務の効率化と質の向上を図るサービス全般のことを言います。スマートフォンやクラウド型サービスが普及し，AIなどのテクノロジーが急速に進展する中で，HRテックが注目されるようになっています。

　在宅勤務については，労務管理や人事評価の難しさが課題としてあげられることが少なくありませんが，HRテックの活用により，従業員がいつ，どこで，どのように働いているかを把握することが可能となります。また，収集した具体的な行動データや作業履歴を分析して従業員の勤務実態を可視化して，人事評価の材料とすることができるようになります。

　しかし，HRテックの活用については，「常に機械に監視されているみたいで嫌だ」と感じる従業員も少なからずいると思われ，そのような従業員が受ける心理的負荷について，企業は十分に配慮することが必要とされます。そのため，従業員から各種データを収集するにあたっては，収集の必要性や収集の方法，収集したデータの活用目的等についてあらかじめ従業員に説明し，納得してもらうことが求められます。また，最新技術を使って収集される膨大なデータには，本人も自覚していない身体情報などが含まれている場合もあることから，プライバシー保護や情報セキュリティの確保にも十分に留意する必要があります。

　AIを活用した人事評価についても，賛否が分かれるところです。AIによる評価は，客観的公平性が保たれてよいとする見方がある一方で，AIによる判断が本当に正しいか不明であり，好ましくないとする見方もあります。AIによる判断は，膨大なデータを分析した結果であることから，正確性が高いと考えられますが，その判断の過程がブラックボックス化されていて，どうしてそのような判断がなされたのかが明確ではないため，納得感に欠けるところがあります。

　いずれにしても，HRテックやAIは，あくまでツールに過ぎないと認識しておくことが大切です。在宅勤務の導入に伴い，HRテックの導入を検討する企業は少なくないものと思われますが，労務管理や人事評価のあり方は，企業の理念

や方針に基づいて決定すべきものです。適切に人事評価を行い，人を育てること
は，管理職に求められる大切な役割であり，重要な責務であることを忘れないで
いただければと思います。

8　在宅勤務時に発生する費用の負担

　在宅勤務時に発生する通信費や情報通信機器等にかかる費用を会社と在
宅勤務者のどちらが負担すべきかについては，法的な定めはありません。
通常勤務者との公平の観点から，基本的には，会社が全額または一部を負
担することが適切であると考えられます。在宅勤務者に作業用品その他の
負担をさせる場合には，就業規則に規定する必要があります。

　雇用型テレワークガイドラインでは，「テレワークを行うことによって
生じる費用については，通常の勤務と異なり，テレワークを行う労働者が
その負担を負うことがあり得ることから，労使のどちらが負担するのか，
また，使用者が負担する場合における限度額，労働者が請求する場合の請
求方法等については，あらかじめ労使で十分話し合い，就業規則等におい
て定めておくことが望ましい」としています。

　在宅勤務に伴い発生する諸費用については，次のように取り扱うことが
考えられます。

①　情報通信機器等の費用

　在宅勤務で使用するパソコンや携帯電話などの情報通信機器等について
は，情報セキュリティやウィルス対策の観点から，会社が貸与した機器を
使用させることが望ましいと考えられます。その場合，情報通信機器等に
かかる費用は，会社が負担することになります。

② 通信回線費用

通信回線については，近年，定額制によるブロードバンドの常時接続環境が整っており，自宅においても比較的安価なコストで高速なインターネットへの接続が可能となっています。従業員の自宅におけるインターネット接続回線は，当然のことながら，本人やその家族が利用可能なものであり，個人使用分と業務利用分とを完全に区別することは困難です。そのため，通信回線の使用にかかる費用については，会社が一定金額を支払うことにより，その一部を負担することが考えられます。また，在宅勤務者の自宅に通信回線が設置されていない場合は，新たにADSLや光ケーブルなどの回線を設置することが必要となるため，設置にかかる工事費用や基本料金，通信回線使用料などの費用負担についても，会社と従業員のどちらで負担するか，あらかじめ決めておきます。

通話料については，会社が業務用の携帯電話やスマートフォンを在宅勤務者に貸与している場合は，問題ありませんが，個人の携帯電話やスマートフォンを業務にも使用させる場合や，自宅の固定電話を業務に使用させる場合には，請求明細などから，業務通話分のみを会社が負担する方法を検討する必要があります。最近では，通話料のかからないIP電話を導入する企業が増えています。

③ 文具，備品，郵送等にかかる費用

コピー用紙や印刷用インク等の文具や備品にかかる費用については，後から実費精算することが一般的です。郵送にかかる費用については，切手，宅配メール使用品等，配布できるものは事前に在宅勤務者に渡しておいたり，自宅から会社に郵送するものについて着払い扱いにするなどの対応が考えられます。

④　水光熱費

　電気・ガス・水道などの水光熱費については，私生活上の使用分との切り分けが難しいため，個人負担とするか，または，会社が在宅勤務手当として一定金額を支払うことで，一部を負担することが考えられます。

⑤　交通費

　完全型在宅勤務の場合，会議等に参加するために月に数回程度出社する際にかかる交通費については，後から実費精算したり，事前に一定金額を入金した乗車カードを貸与することが考えられます。部分的在宅勤務についても，かかった分だけ実費精算することが考えられますが，精算事務が煩雑になるため，出社頻度が高いようであれば，通勤手当相当額を支給することでよいと思われます。

9　社内教育等の取扱い

　在宅勤務者に社内研修の受講等を義務付ける場合には，就業規則に規定する必要があります。

　雇用型テレワークガイドラインでは，「テレワークを行う労働者については，OJTによる教育の機会が得がたい面もあることから，労働者が能力開発等において不安に感じることのないよう，社内教育等の充実を図ることが望ましい」としています。

　とくに，完全型在宅勤務者については，会社に出社する機会がほとんどないことから，定期的に研修参加の機会を設けて，在宅勤務者のスキルアップを図ると共に，コミュニケーションの機会として活用することが考えられます。

第 **4** 章

ICT 環境の整備とセキュリティ対策

1 現行のシステム環境の確認

在宅勤務実施時の ICT 環境については，これがベストというものはありません。企業規模や在宅勤務で取り扱う業務内容，実施目的などに合わせて，企業ごとに検討することが求められます。在宅勤務を導入するにあたっては，まず，自社の従業員が現在使用している端末の種類や回線などの現状について確認したうえで，できるだけ現在のシステム環境を活かしながら，コストや導入条件に合わせて，導入しやすいシステムを選択することが望まれます。

(1) 利用端末の確認

業務に利用する端末としては，パソコンやタブレット端末のほか，携帯電話，スマートフォンなどが挙げられます。これらの端末は，多くの場合，会社が個々の従業員に支給しますが，中には，従業員が私物の端末を業務にも利用しているケースもあります。個人が所有する私物の端末を業務に利用することを BYOD[1]（ビー・ワイ・オー・ディー）といいます。

---

1 Bring Your Own Device の略。

BYODでは，従業員は自分の使い慣れた端末を業務でも利用することができ，会社も従業員ごとに端末を用意する手間やコストを省くことができるというメリットがあります。しかし，一方で，情報漏えいリスクが高まることから，しっかりとした対策を講じることが必要となります。

会社支給の端末を利用している場合でも，支給する端末の種類によって機能やセキュリティの内容は異なります。通常勤務者が利用しているデスクトップ式のパソコンの多くはファットクライアント型で，内蔵しているハードディスク内に情報を保存することができます。これに対して，シンクライアント型のパソコンではほとんどの機能がサーバーで処理され，情報が端末内に保存されません。盗難や紛失などが発生した場合でも，端末内に情報が存在しないため情報漏えいが起きにくいことから在宅勤務を実施する際の端末として適していると言えます。ファットクライアント型のパソコンをシンクライアント化することもできますが，この場合は，USBなどの専用機器（認証キー）が必要となります。

(2) ネットワーク回線の確認

在宅勤務実施時には，社外からインターネット回線を利用して社内システムにアクセスすることから，在宅勤務に対応できるICT環境を整えるにあたっては，現在使用している回線やサーバーの状況を確認することが必要となります。

インターネット回線には，公衆回線と専用回線とがあります。セキュリティの面では専用回線が断然上回りますが，専用回線を設けるにはかなりのコストがかかります。そのため，最近では，VPN（Virtual Private Network）と呼ばれる公衆回線上に仮想的に作られた専用回線を利用することが一般的です。既存のインターネット回線に関して，セキュリティ確保の状況のほか，利用時の通信量や速度制限の有無，在宅勤務に合わせて

第4章　ICT 環境の整備とセキュリティ対策　　93

新しいシステムを導入した場合にかかるコストなどについても事前に確認することが大切です。

2　社内システムへのアクセス方法の選択

自宅で仕事をする際の社内システムへのアクセス方法としては，仮想デスクトップ方式，クラウドアプリ利用方式，リモートデスクトップ方式，そして会社の端末持ち帰り方式の4つがあげられます。

(1)　仮想デスクトップ方式

仮想デスクトップ方式は，オフィスのサーバーから提供される仮想デスクトップに，手元にある端末から遠隔でアクセスして利用するものです。作業したデータはサーバーに保存され，手元の端末には残りません。また，仮想デスクトップ利用者が勝手にソフトウェアをインストールすることを防止することができ，OS[2]のアップデートも管理者が実行することができます。セキュリティ面での信頼度は高いと言えますが，導入時に専用サーバーやVPN 装置などを設置する必要があります。業務中に専用サーバーがダウンすると多額の損失に繋がりかねないため慎重な対応が必要とされ，システム開発業者にシステム構築を依頼することが一般的です。そのため，初期コストが高額になるケースが多く，この方式は，主にセキュリティを重視する大手企業で導入されています。

2　「Operating System」の略。パソコンのすべてのハードとソフトを管理し，ユーザーが利用しやすいようにするためのソフトのこと。

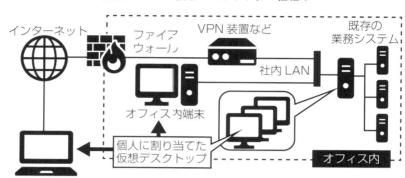

図表4-1　仮想デスクトップの仕組み

(出典)　日本テレワーク協会「テレワーク関連ツール一覧」。

(2) クラウドアプリ利用方式

　クラウドアプリ利用方式は，クラウドサービスを提供する事業者のサーバーをインターネット経由で利用して遠隔から業務を行うものです。アプリケーションで作業したデータはクラウド上に保存されるため，非常時に社内の端末が使用できなくなった場合でも，他の端末からアクセスすることができ，BCP対策としても有効であると言えます。

　この方式による場合は，自社でサーバーを用意する必要がなく，設備コストがほとんどかかりません。また，アプリケーションは月額制や重量課金制で，中には無料で使用できるものもあり，コスト面での負担もあまりありません。しかし，外部事業者のサーバーを利用することになるため，仮想デスクトップ方式と比べると，セキュリティ面で弱いと考えられます。また，自社内で開発した研究用ソフトウェアや業務用ソフトウェアなど，社内で稼働している既存のソフトウェアには，この方式を利用することができません。

図表4-2　クラウドアプリ方式の仕組み

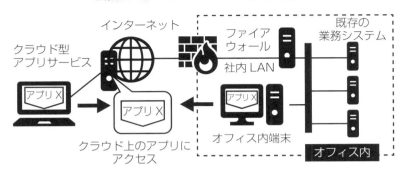

（出典）　日本テレワーク協会「テレワーク関連ツール一覧」。

(3) リモートデスクトップ方式

　リモートデスクトップ方式は，社内に設置された端末の画面を自宅の端末の画面に転送するものです。新しいシステムを構築する必要はなく，社内に設置された端末がインターネットにつながっていれば，専用アプリケーションやUSBキー1本で実施することができます。導入までの障壁が少なく，既存のシステムをそのまま利用できるメリットもあります。作業は遠隔操作で実施するため，手元の端末にデータが残らず，保存したファイルは社内にある端末に保存されるため，情報漏えいが起きにくいというメリットもあります。

　ただ，リモートデスクトップ方式を利用する場合は，社内の端末の電源を常時通電しておく必要があるため，利用人数を増やす際にコストが増大する可能性があります。

図表4-3　リモートデスクトップの仕組み

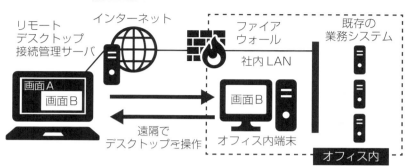

（出典）　日本テレワーク協会「テレワーク関連ツール一覧」。

(4) 会社の端末持ち帰り方式

　会社の端末持ち帰り方式は，社内で使用しているパソコンやタブレット端末などを社外に持ち出し，VPN経由で社内LANに接続するものです。この方式では，普段会社で使い慣れた端末を在宅勤務でも利用できるというメリットがあります。また，社内と社外で利用する端末が1台であるため，他の方式よりも導入時のコスト負担も軽くなります。しかし，外部に持ち出された端末がウイルスに感染した場合，LANに接続しているすべての端末にウイルスが広がるリスクがあります。また，社外に持ち出した端末が盗まれたり，紛失した場合，情報漏えいが発生するリスクもあります。そのため，会社の端末持ち帰り方式を選択する場合は，ウイルスの感染防止対策や盗難・紛失時の対策を十分に講じる必要があります。

図表4-4　会社PCの持ち帰り方式

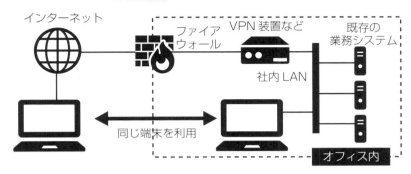

（出典）　日本テレワーク協会「テレワーク関連ツール一覧」。

3　コミュニケーション手段の検討

　在宅勤務時のコミュニケーションの手段については，特別なICT環境を用意しなくても，電話や電子メールで対応することが可能です。実際，電話や電子メール，あるいはSNSのチャット機能を在宅勤務時のコミュニケーション手段として利用しているケースは少なくありません。携帯電話や固定電話だけでなく，インターネット電話サービスのアプリケーションを利用すれば，通話だけでなく，チャットや電話会議，ビデオ会議も可能になる場合があります。

　チームで進める仕事など，複数名で打ち合わせをしながら進める必要がある業務の場合，会議システムを導入することで，在宅勤務実施時においても，対面に近い状態で打ち合わせに参加することが可能となります。また，急な会議が必要となった際にもすぐに対応できることから，会議や打ち合わせに参加する機会が多い管理職も，安心して在宅勤務を行いやすくなります。

会議システムに関しては，現在，様々なサービスが提供されています。サービスを選択する場合の比較対象の項目としては，1会議室当たりの最大接続数や表示可能な参加者映像数のほか，資料共有の可否，ホワイトボードや録画・再生機能の有無などがあげられます。初期費用や月額利用料もサービスごとに異なり，中には無料で利用できるサービスもあります。有料のサービスでも，大体の場合，無料使用期間が設けられているので，実際に利用して，画質や音質，使いやすさを比べてみてから導入を検討すると良いでしょう。

なお，東京テレワーク推進センターでは，テレビ会議やWEB会議などのコミュニケーションツールのほか，VR（仮想現実）やAR（拡張現実）を使った遠隔操作システムや，ロボットを利用した在宅勤務システムの展示を行っており，様々なツールやソフトウェアを体験することができます。

4　業務管理ツールの導入

最近では，従業員の勤怠や在席状況を管理するツールや，従業員間で情報を共有するための情報共有ツールなども増えています。これらのツールは，在宅勤務を実施するうえで，必ず導入しなければならないというものではありません。実施状況に合わせて必要性を感じたときに導入を検討することで足りるものと思われます。即日利用でき，かつ，無料の試用期間後の導入が可能なものが多いことから，実際に複数名で試用してみて，使い勝手を確認してから導入すると良いでしょう。

⑴　勤怠管理ツール

勤怠管理ツールには，出勤・退勤時の打刻ができるだけでなく，給与計算ソフトと連携できるものや，人事・労務管理のために必要なデータが取

れるものもあります。また、作業者のパソコンの業務画面を不定期にキャプチャーし、管理者が部下の業務の遂行状況を確認できるものもあります。

⑵　在席管理ツール

在宅勤務時の在席管理ツールには、仮想オフィスを設定して、在席勤務者の勤務状況を表示し、必要に応じて音声会議やWEB会議、チャットによるコミュニケーション、通話などを選択して行えるものなどがあります。そのほか、画像にフィルターをかけてぼやかしたり背景を変更するなど、在宅勤務者のプライバシーに配慮した機能を備えているものや、作業時間の自動記録、タスク管理機能などを備えたものもあります。

⑶　情報共有ツール

情報共有ツールは、従業員が保有する情報を働く場所にとらわれず、従業員間で共有するためのツールです。電子メールや電子掲示板、ドキュメントの共有、スケジュールやワークフロー管理など、組織内の情報共有のために必要な機能が一つに統合されたグループウェアは多数あります。近年ではオンラインで提供されるグループウェアも増えています。オンラインのグループウェアを利用する場合は、専用ソフトウェアを必要としないため、初期導入コストを低く抑えることができます。

なお、働く場所にとらわれない情報共有の一環として、既存の紙文書を電子データ化してペーパーレス化を進める際には、電子文書化アプリケーションを利用することもできます。

5　情報セキュリティ対策の重要性

　企業にとって，業務にかかわる情報は，すべて大切な情報資産です。
「情報セキュリティ」とは，情報資産を正当な権利を持った人だけが使用
できる状態（機密性）を保ち，正当な権利を持たない人により変更されて
いないこと（完全性）を確実にして，必要なときに適宜使用できる状態
（可用性）を確保することをいいます。

　総務省の調査研究によると，テレワーク導入済み企業と未導入企業のい
ずれにおいても，およそ7割の企業が「情報セキュリティの確保」を課題
と考えていることがわかります。

　在宅勤務では，従業員が会社の情報資産を自宅で取り扱うことになりま
すが，情報セキュリティ対策がしっかり取られているオフィスとは異なり，
情報資産がウイルス・ワーム等に感染したり，情報通信機器や記録媒体の
紛失・盗難，通信内容の盗聴，印刷またはスクリーンショットによる情報
の不正取得，不正アクセスによる情報漏えいなどのリスクが高まることが
考えられます。これらのリスクが顕在化すれば，企業活動が停止するだけ
でなく，社会的な影響が生じたり，企業の信用が失墜するなど，多大な損
失が発生する可能性があります。そのため，在宅勤務の導入に際しては，
情報セキュリティ対策を適切に行うことが重要となります。

　情報セキュリティ対策を講じるにあたっては，まず，保護すべ情報資産
を洗い出したうえで，具体的にどのようなリスクがあるかを把握・認識し
たうえで，体系的な対策を講じることが重要です。

　総務省の「テレワークセキュリティガイドライン」では，情報資産を守
るためには，「ルール」，「人」，「技術」の三位一体のバランスがとれた情
報セキュリティ対策を実施し，全体のレベルを落とさないようにすること

第4章 ICT環境の整備とセキュリティ対策　101

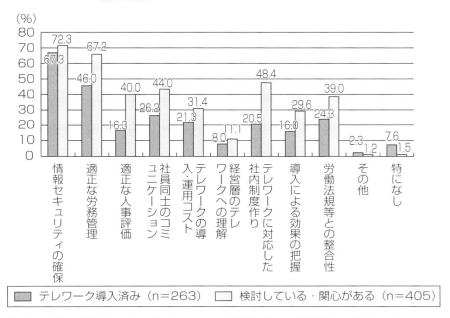

図表4-5　テレワークの導入に際しての課題

(出典)　総務省「地方創生と企業におけるICT利活用に関する調査研究」(平成27年)。

がポイントになるとしています。

　在宅勤務者が業務を行うにあたり，情報セキュリティの面で安全かどうかを都度，自ら判断することは難しいと考えられます。そこで，安全を確保できる仕事のやり方を会社があらかじめ「ルール」として定めておくことで，在宅勤務者は，そのルールを守ることで安全に業務を進められるようになります。しかし，ルールがあっても，それが実際に守られなければ，情報セキュリティを確保することはできません。そのため，教育・研修等を実施することにより，ルールを周知し，浸透させることが必要とされます。そして，このような人的対策だけでは対応しきれない部分については，技術的・物理的対策を講じて対応するようにします。

6 ルールの策定

(1) 情報セキュリティポリシー

　「情報セキュリティポリシー」とは，その企業において行うべき情報セキュリティに関する方針や行動指針のことをいいます。一般的に，情報セキュリティポリシーは，情報セキュリティ全体の根幹となる「基本方針」，基本方針を基に実施すべきことや守るべきことを規定する「対策基準」，そして，対策基準を具体的に実施するための手順を示す「実施手順」の３つから構成されます。情報セキュリティポリシーの策定にあたっては，まず，「なぜ，情報セキュリティを確保・維持しなければならないのか」を明確にして，基本方針を定めます。基本方針は，企業理念，経営戦略，企業規模，保有する情報資産，業種・業態などによりそれぞれ異なり，自社の企業活動に合致した基本方針を定めることが大切です。

　既に情報セキュリティポリシーがある場合は，現行の情報セキュリティポリシーが正しく機能しているかを確認し，在宅勤務にも適用できるものとなるよう見直しを行います。

(2) 在宅勤務時のセキュリティルール

　情報セキュリティポリシーに基づいた情報セキュリティ確保のために，在宅勤務者が遵守すべき行動ルール（セキュリティルール）として定めておくべき事項には，主に次のものがあげられます。

① 情報通信機器・記録媒体に関する事項
ⅰ）　在宅勤務で使用する情報通信機器に関する事項

会社が支給する情報通信機器に限定するか，個人所有の情報通信機器の利用（BYOD）を認めるか否かなど

ⅱ）　会社の情報通信機器・記録媒体の持出しに関する事項

会社から持ち出す際の手続き，移動中における遵守事項，MDM[3]ツールの利用，暗号化，パスワード設定など

ⅲ）　情報通信機器の保管場所や保管方法に関する事項

保管場所を特定するか，鍵のかかる引出しや棚等での保管を義務付けるかなど

ⅳ）　休憩時間中の情報通信機器の取扱いに関する事項

ロックするだけでよいか，保管して鍵をかけるかなど

ⅴ）　利用するソフトウェア・アプリケーションに関する事項

インストールする際の手続き，システム管理者の事前許可の取得など

ⅵ）　ウイルス対策に関する事項

ウイルス対策ソフトのインストール，定期的更新によるアップデートなど

②　情報の利用に関する事項

ⅰ）　社内システムへのアクセスに関する事項

アクセス権限，アクセスする際の通信手段，暗号化など

ⅱ）　機密性が高い電子データの送受信に関する事項

送受信方法，暗号化，パスワード設定・変更の義務付けなど

ⅲ）　紙媒体の取扱いに関する事項

社外への持出しの可否，資料や画面の印刷・複写の可否など

ⅳ）　情報の保存・破棄に関する事項

3　Mobile Device Management の略。

破棄する際の手段，報告・記録の要否など

③　作業場所に関する事項
ⅰ)　自宅での作業環境に関する事項

　　　作業場所を特定するか，間仕切り・目隠しなどの設置を要するか
ⅱ)　カメラの設置を義務付けるか
ⅲ)　自宅以外の場所で作業することを認めるか

④　緊急事態への対応等に関する事項
ⅰ)　システム管理者との連絡方法に関する事項
ⅱ)　事故発生時の連絡体制および対応方法
ⅲ)　情報セキュリティポリシーの遵守状況の監査に関する事項

　なお，情報セキュリティポリシーやセキュリティルールは，一度策定すればそれでおしまいというわけではありません。運用の状況を確認しながら，PLAN（策定），DO（実施），CHECK（評価），ACTION（改善）のPDCAサイクルを繰り返し，情報セキュリティレベルの向上を図ることが大切です。

7　教育・研修の実施

　情報セキュリティポリシーやセキュリティルールを浸透させるためには，関係者への教育や啓発活動を積極的に実施して，情報セキュリティポリシーやセキュリティルールの趣旨を理解してもらうことが大切です。在宅勤務に限らず，従業員が業務を行う過程で情報を漏えいさせてしまうケースは少なくありません。その際，会社の定めたセキュリティルールを守っ

て仕事をしていたか否かにより，情報漏えい事故を起こした従業員に問われる責任が大きく変わります。セキュリティルールを守ることが，自分自身を守ることになることを従業員に理解してもらうことが，情報セキュリティを確保するうえで重要となります。また，在宅勤務者が情報セキュリティに関する知識を有していれば，セキュリティ上の問題があるソフトウェアやアプリケーションの利用，不審なメールの開封などを未然に防ぐことができ，標的型攻撃等による被害を最小限に抑えることが期待できます。

　なお，テレワークガイドラインでは，テレワークを行う労働者について，「社内教育等を実施する際は，必要に応じ，総務省が作成しているテレワークセキュリティガイドラインを活用するなどして，テレワークを実施する上でのセキュリティ対策についても十分理解しておくことが望ましい。」としています。「テレワークセキュリティガイドライン（第3版）」では，経営者，システム担当者およびテレワーク勤務者について，それぞれの立場において，情報セキュリティ保全対策の大枠，悪意のソフトウェア，端末の紛失・盗難，重要情報の盗聴，および不正侵入・踏み台などに関する対策のポイントが解説されています。また，総務省の「国民のための情報セキュリティサイト」では，企業や組織の業務でコンピュータやインターネットを使う際の情報セキュリティ対策について，組織幹部，社員・職員全般，情報管理担当者の各対象者別に必要となる対策が解説されています。事故や被害の事例も紹介されていますので，自社の情報セキュリティ対策を検討するうえで，参考になるものと思われます。

図表4-6　　テレワークセキュリティ対策のポイント

	経営者が実施すべき対策	システム管理者が実施すべき対策	テレワーク勤務者が実施すべき対策
情報セキュリティ保全対策の大枠	①テレワークの実施を考慮した情報セキュリティポリシーを定め定期的に監査し，その内容に応じて見直しを行う。②テレワーク勤務者の情報セキュリティに関する認識を確実なものにするために，定期的に教育・啓発活動を実施させる。③情報セキュリティ事故の発生に備えて，迅速な対応がとれるように連絡体制を整える。	①システム全体を管理する重要な立場であることを自覚し，情報セキュリティポリシーに従ってテレワークのセキュリティ維持に関する技術的対策を講じるとともに，定期的に実施状況を監査する。②テレワーク勤務者の情報セキュリティに関する認識を確実なものとするために，定期的に教育・啓発活動を実施する。③情報セキュリティ事故の発生に備えて，迅速な対応がとれるように連絡体制を確認する。	①テレワーク作業中は，利用する情報資産の管理責任を自らが負うことを自覚し，情報セキュリティポリシーが定める技術的・物理的および人的対策基準に沿った業務を行い，定期的に実施状況を自己点検する。②定期的に実施される情報セキュリティに関する教育・啓発活動に積極的に取り組むことで，情報セキュリティに対する認識を高めることに努める。③情報セキュリティ事故の発生に備え，直ちに定められた担当者に連絡できるよう連絡体制を確認する。
悪意のソフトウェアに対する対策		①フィルタリング等を用いて，テレワーク勤務者が危険なサイトにアクセスしないように設定する。②テレワーク勤務者がテレワーク端末にアプリケーションをインストールする際は申請させ，情報セキュリティ上の問題がないことを確認したうえで認める。③貸与用のテレワーク端	①マルウェア配布等が報告されている危険なサイトにはアクセスしない。②アプリケーションをインストールする際は，システム管理者にその旨を申請し，許可を受けたアプリケーションのみをインストールする。③作業開始前にテレワーク端末にウイルス対策ソフトがインストールされ，

		末にウイルス対策ソフトをインストールし，最新の定義ファイルが適用されているようにする。④貸与用のテレワーク端末のOSおよびソフトウェアについて，アップデートを行い最新の状態に保つ。⑤私用端末をテレワークに利用させる際は，その端末に必要な情報セキュリティ対策が施されていることを確認させたうえで認める。	最新の定義ファイルが適用されていることを確認する。④作業開始前に，テレワーク端末のOSおよびソフトウェアについて，アップデートが適用された最新の状態であることを確認する。⑤テレワークには必要な情報セキュリティ対策が講じられているものを使用し，スマートフォン，タブレット等に関しては不正な改造を施さない。
策	端末の紛失・盗難に対する対	台帳等を整備し，貸与するテレワーク端末の所在や利用者等を管理する。	①職場外に情報資産を持ち出すときは，その原本を安全な場所に保存しておく。②機密性が求められる電子データを保存する際には必ず暗号化し，端末や電子データの入った記録媒体（USBメモリー等）の盗難に留意する。
対策	重要な情報の盗み見に対する		①機密性が求められる電子データを送信する際には必ず暗号化する。②第三者と共有する環境で作業を行う場合，端末の画面にプライバシーフィルターを装着したり，作業場所を選ぶ等により，画面の覗き見防止に努める。

不正侵入・踏み台に対する対策		①社外から社内システムへアクセスするための利用者認証について、技術的基準を明確に定め、適正に管理・運用する。 ②テレワーク勤務者がインターネット経由で社内システムにアクセスする際の通信手段を指定する。また、社内システムとインターネットの境界線にはファイアウォール[4]やルーター[5]等を設置し、アクセス状況を監視するとともに、不必要なアクセスを遮断する。 ③社内システム内にある重要な電子データを安全な領域に格納する。 ④不審なメールを迷惑メールとして分類されるように設定する。	①社外から社内システムにアクセスするための利用者認証情報（パスワード，ICカード等）を適正に管理する。 ②インターネット経由で社内システムにアクセスする際，システム管理者が指定した通信手段のみを用いる。 ③テレワークで使用するパスワードは，使い回しを避け，他人に推測されにくいものを用いるように心がける。 ④テレワーク作業中はマルウェアによる標的攻撃やフィッシング等の標的になりやすいことを自覚し，電子メールの添付ファイルの開封やリンク先のクリックに一層の注意を払う。

（出典）　総務省「テレワークセキュリティガイドライン（第3版）」「2．テレワークセキュリティ対策のポイント」をもとに作成。

4　外部のネットワークからの攻撃や不正なアクセスから内部のネットワークやコンピュータを防御するためのソフトウェアやハードウェアのこと。

5　コンピュータネットワークの中継・転送機器の一つで，データの転送経路を選択・制御する機能を持ち，複数の異なるネットワーク間の接続・中継に用いられるもの。

8 技術的情報セキュリティ対策

技術的情報セキュリティ対策には，様々なものがあります。主なものとして，ユーザ認証，アクセス管理，ファイアウォールの設置，暗号化，デジタル署名，ウイルススキャン，セキュリティホールの撲滅，VPNの活用，シンクライアントシステムの導入，不正侵入検知・防御サービスの導入などがあげられます。「働き方改革」が唱えられる中，在宅勤務を含むテレワーク実施時の情報セキュリティ対策のための製品やサービスも，様々なものが提供されるようになっています。

しかし，情報セキュリティにかかる脅威と対策は，いわゆる「いたちごっこ」の関係にあるといえます。情報セキュリティのための製品やサービスを利用していれば100％大丈夫ということではなく，常に新しい脅威が発生することを想定しておかなければなりません。

また，技術的情報セキュリティ対策は，強化すればするほど費用がかかり，従業員にとっても，作業時の手間が増えたり，応答速度が遅くなるなど使い勝手が悪くなり，業務効率にもマイナスの影響を及ぼします。そのため，技術的情報セキュリティ対策については，コストと使い勝手の両面から検討し，取扱い業務の内容や情報セキュリティポリシーを踏まえたうえで，バランスの良い対策を講じることが大切です。

技術的情報セキュリティ対策のポイントは，次の4つです。

(1) アクセスの管理・制限

情報資産を不正なアクセスや外部からの攻撃から守るため，システムやアプリケーションへのアクセスが従業員によるものであることを認証する本人認証や，あらかじめ登録された端末からのアクセスのみを許可する端

末認証などの対策を講じることが望まれます。

　また，在宅勤務時に利用する端末を従業員本人しかログインできないようにする方法としては，指紋認証や動脈認証，顔認証など，個人がもつ固有の生体的な特徴を認証に用いたり，個人専用USB型認証キー，ワンタイムパスワードを利用することなどがあげられます。

(2)　暗号化による管理

　パソコンに内蔵されたハードディスク内のデータを暗号化しておくことで，万一，パソコンの盗難や紛失などの事故が発生した場合でも，パソコン内の情報が漏えいするリスクを低減することができます。ハードディスク内のデータを暗号化していないと，たとえパソコンに起動パスワードを掛けていても，容易にデータを読み出すことができてしまいます。

　また，携帯電話等に暗号化された業務データエリア（セキュアコンテナ）を作成するソフトやサービスを利用することで，携帯電話等の紛失・盗難時に，セキュアコンテナ内のデータを遠隔操作によりロックしたり，削除したりすることができます。

　会社と自宅との間でUSBメモリを利用して情報を持ち運びする際も，暗号化機能やパスワードロック機能などが付いた情報漏えい対策機能付きのUSBメモリを利用することが望まれます。

(3)　ウイルス対策

　在宅勤務で使用するパソコンに，ウイルス対策を導入して，ウイルスの早期探知および駆除を行うことができるようにしておきます。最近では，不正アクセス検知や不正プログラム検出など，様々な悪意あるソフトウェアに対して有効な製品が増えています。ウイルス対策ソフトは端末だけでなく，サーバーに対して機能するものもあります。導入した対策ソフトを

含むソフトウェアは，常に最新の状態にアップデートしておく必要があります。定期的なウイルススキャンの実施の徹底も大事です。

(4) 安全なネットワーク

在宅勤務では，必然的に外部ネットワークを介して，社内ネットワークにアクセスすることになります。ネットワークを通じてやり取りされる情報や，ネットワークを支える機器・設備を安全に使い続けるためには，ウィルス感染や不正アクセスがされにくいネットワークを用意することが必要となります。ネットワークのセキュリティは，システム担当部門の意識が問われるところです。在宅勤務者が安全なネットワークを利用してアクセスできる環境を提供し，不正侵入等に対する対策を講じたうえで，定期的にチェックする体制を整えることが求められます。

9 物理的情報セキュリティ対策

在宅勤務では従業員の自宅が執務スペースになることから，在宅勤務実施時のセキュリティ状況について，日中の人の有無や不特定多数の人の出入りを含めて，事前に確認しておくことが必要となります。確認の方法としては，在宅勤務利用申請書に執務環境について記載する欄を設けたり，執務スペースの写真をとって提出させたり，誓約書を提出させることなどが考えられます。在宅勤務導入済み企業では，執務環境に関するチェックリストを作成して自己申告させているケースが多くみられます。

在宅勤務時の物理的情報セキュリティ対策としては，監視カメラの設置，会社が貸与したパソコンのセキュリティワイヤーによる固定，施錠可能な引出し・棚等での保管，紙媒体資料等を破棄する際のシュレッダー利用などがあげられます。監視カメラを設置する場合には，本人の同意を得たう

えで，設置する場所や角度，カメラの作動スイッチのオン・オフのタイミング等について本人と話し合って決めるなど，本人やその家族のプライバシーを侵害しないよう十分に配慮することが求められます。

　在宅勤務の導入に伴い，情報資産のペーパーレス化を図ることも情報セキュリティ対策につながります。情報資産をすべて電子化することで，紙媒体の盗難・紛失のリスクがなくなるだけでなく，紙媒体を管理する業務自体がなくなる分，情報の管理が行いやすくなります。

第5章

在宅勤務のための規程整備

1　就業規則見直しの必要性

　在宅勤務者には，通常勤務者と同様に，すべての労働基準関係法令[1]が適用されます。就業規則の作成・届出が義務付けられている常時10人以上の労働者を雇用する事業場では，在宅勤務の導入により，就業規則の作成・届出が義務付けられている事項に変更が生じる場合は，就業規則を改定し，労働基準監督署に届け出なければなりません。

　在宅勤務の導入により変更が生じ得る事項としては，従業員の自宅を就業場所とすることのほかに，在宅勤務時に適用する労働時間制や休憩時間，在宅勤務時に発生する通信料等を負担させる場合は費用負担に関する事項，在宅勤務者に対する教育・研修等を実施する場合はそれに関する事項などがあげられます。

　また，改定後の就業規則を従業員に有効に適用するため，変更した就業規則の内容を従業員に周知する必要があります。

1　労働基準法，労働契約法，最低賃金法，労働安全衛生法，育児・介護休業法など労働条件の最低基準を定めたもの。

【労働基準法で就業規則の作成・届出が義務付けられている事項】（労働基準法89条）

1　始業および終業の時刻，休憩時間，休日，休暇ならびに労働者を２組以上に分けて交替に就業させる場合は就業時転換に関する事項

2　賃金の決定，計算および支払の方法，賃金の締切および支払の時期ならびに昇給に関する事項

3　退職に関する事項，退職手当の定めをする場合は適用される労働者の範囲，退職手当の決定，計算および支払の方法ならびに支払の時期に関する事項

4　臨時の賃金等（退職手当を除く。）および最低賃金額の定めをする場合は，これに関する事項

5　労働者に食費，作業用品その他の負担をさせる定めをする場合は，これに関する事項

6　安全および衛生に関する定めをする場合は，これに関する事項

7　職業訓練に関する定めをする場合は，これに関する事項

8　災害補償および業務外の傷病扶助に関する定めをする場合は，これに関する事項

9　表彰および制裁の定めをする場合は，その種類および程度に関する事項

10　前各号に掲げるもののほか，当該事業場の労働者のすべてに適用される定めをする場合は，これに関する事項

　就業規則に在宅勤務に関する規定がなく，従業員との個別の合意もなければ，会社は，従業員に在宅勤務を行わせることはできません。就業規則の変更により労働条件を変更することは可能ですが，労働者の不利益になる変更は，原則として禁じられています。在宅勤務の導入に伴い就業規則を変更するにあたっては，労働条件の変更の必要性，従業員が受ける不利益の程度，変更後の就業規則の内容の相当性などに留意することが大切で

す。

なお，労働者との個別の合意により，就業規則で定める基準を下回る労働条件を定めることはできません。

【労働契約の変更】（労働契約法）

> **第9条**（就業規則による労働契約の内容の変更）
>
> 　使用者は，労働者と合意することなく，就業規則を変更することにより，労働者の不利益に労働契約の内容である労働条件を変更することはできない。ただし，次条の場合は，この限りでない。
>
> **第10条**
>
> 　使用者が就業規則の変更により労働条件を変更する場合において，変更後の就業規則を労働者に周知させ，かつ，就業規則の変更が，労働者の受ける不利益の程度，労働条件の変更の必要性，変更後の就業規則の内容の相当性，労働組合等との交渉の状況その他の就業規則の変更に係る事情に照らして合理的なものであるときは，労働契約の内容である労働条件は，当該変更後の就業規則に定めるところによるものとする。ただし，労働契約において，労働者及び使用者が就業規則の変更によっては変更されない労働条件として合意していた部分については，第12条に該当する場合を除き，この限りでない。
>
> **第12条**（就業規則違反の労働契約）
>
> 　就業規則で定める基準に達しない労働条件を定める労働契約は，その部分については，無効とする。この場合において，無効となった部分は，就業規則で定める基準による。

　使用者は，労働契約を締結するにあたり，労働者に対して，労働時間や就労場所などの労働条件について，書面で明示しなければなりません[2]。

2　労働基準法15条1項，労働基準法施行規則5条1項。

在宅勤務を前提として労働者を雇用する場合は，労働者の自宅を就労場所として明示することが必要となります。また，通常勤務と在宅勤務を併用して適用することが予定されている場合には，通常勤務の場所と自宅の両方を就労場所として明示することが望ましいといえます。

【書面で明示すべき事項】（労働基準法施行規則5条1項）

① 労働契約の期間に関する事項

② 就業の場所および従事すべき業務に関する事項

③ 始業および終業の時刻，所定労働時間を超える労働の有無，休憩時間，休日，休暇ならびに労働者を2組以上に分けて就業させる場合における就業時転換に関する事項

④ 賃金の決定，計算および支払の方法，賃金の締切りおよび支払の時期ならびに昇給に関する事項

⑤ 退職に関する事項

⑥ 退職手当の定めが適用される労働者の範囲，退職手当の決定，計算および支払の方法ならびに退職手当の支払の時期に関する事項

⑦ 臨時に支払われる賃金，賞与および精勤手当，勤続手当，奨励加給または能率手当ならびに最低賃金額に関する事項

⑧ 労働者に負担させるべき食費，作業用品その他に関する事項

⑨ 安全および衛生に関する事項

⑩ 職業訓練に関する事項

⑪ 災害補償および業務外の傷病扶助に関する事項

⑫ 表彰および制裁に関する事項

⑬ 休職に関する事項

※⑥以降の事項については，会社がこれに関する定めをしない場合は明示する必要はありません。また，就業規則に労働者に適用される条件が具体的に規定されている場合，契約締結時に，その労働者に適用される部分を明らかにしたうえで，就業規則を交付すれば，再度同じ事項について書面を交付する

> 必要はありません。

　在宅勤務の導入に伴い就業規則を変更するにあたっては，在宅勤務に関する事項を就業規則に規定するほか，新たに在宅勤務規程を作成することが考えられます。どちらの方法を選択するかは，各企業の判断によりますが，在宅勤務に関する事項については，在宅勤務規程にまとめて規定したほうがわかりやすいという面はあります。在宅勤務導入済み企業においても就業規則本体には，就業場所の変更に関する事項等，必要最低限の事項についてのみ規定し，その他の事項については，在宅勤務規程に定めることがよく行われています。

　在宅勤務規程を作成する場合，通常勤務者と在宅勤務者に共通して適用される事項は，就業規則本体に規定し，在宅勤務を行う者にだけ適用される事項は在宅勤務規程に規定するようにします。たとえば，在宅勤務の導入に伴い，フレックスタイム制を新たに導入する場合，フレックスタイム制に関する事項については，就業規則本体に規定します。在宅勤務規程に規定してしまうと，通常勤務時には適用できないことになってしまいますので，注意が必要です。労働時間制などの労働条件の基本となる事項については，就業規則本体に規定することで，通常勤務と在宅勤務の双方に適用することが可能となります。また，勤務形態にかかわらず，同じ労働時間制を適用できるようにしておくことで，在宅勤務と通常勤務の併用も行いやすくなります。

　賃金規程や情報管理規程など，既存の付属規程がある場合は，在宅勤務の導入により，付属規程の変更が必要となる場合があります。付属規程も就業規則の一部であるため，作成・変更の際は，所定の手続きを経て労働基準監督署に届け出る必要があります。

図表5-1　就業規則の構成

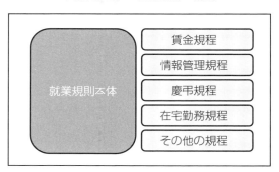

2　「在宅勤務規程」作成のポイント

(1) 在宅勤務導入目的の明記

　在宅勤務を導入する目的は，企業ごとに異なります。在宅勤務の導入目的を明確にすることは，会社が何のために在宅勤務を導入するかを従業員が理解するうえで重要となります。導入済み企業では，従業員のワークライフバランスの確立や育児・介護を行う従業員への支援を目的とすることが少なくありませんが，最近の傾向としては，業務の効率化による生産性の向上，企業価値の向上など　在宅勤務の導入を経営戦略の一環として位置付ける企業が増えています。

【規定例1】

第○条（目的）
　この規程は，ワークスタイルの多様化への対応による知的生産性向上と，

第5章　在宅勤務のための規程整備　　119

従業員のワークライフバランスの実現を目的として，在宅で業務を遂行する者の労働条件その他の就業に関する事項を定める。

【規定例2】

第○条（目的）
　この規程は，育児・介護等を事由とする離職を回避し，一人ひとりが自ら成長し，キャリアアップできる仕組みを整えることを目的として，在宅で業務を遂行する者の労働条件その他の就業に関する事項を定めるものである。

【規定例3】

第○条（目的）
　この規程は，柔軟で効率のよい就業環境の実現により，業務効率の向上，通勤時間の効率化および負担の減少，ならびに育児・介護と仕事の両立支援に資することを目的として，在宅で業務を遂行する者の労働条件その他の就業に関する事項を定めるものである。

(2)　在宅勤務適用対象者の範囲

　在宅勤務を希望する者が全員，在宅勤務を実施できることが理想です。しかし，導入の初期段階から適用対象者の範囲をあまり広く設定してしまうと，社内に混乱が生じて事業の運営に支障をきたすおそれがあります。そのため，初めのうちは対象者の範囲に一定の基準を設けて適用範囲を限定し，実施状況をみながら対象者の範囲を徐々に広げていくとよいでしょう。

　また，在宅勤務を許可された者であっても，在宅勤務者としての基準を

満たさなくなったり，在宅勤務を継続させることが適切ではないと会社が
判断した場合には，通常勤務への復帰を命じることができるように定めて
おくことが大切です。

　さらに，災害，パンデミックの発生や，交通機関の乱れが通勤に支障を
きたすなどの事態に備えて，会社が在宅勤務を実施する必要があると判断
した場合には，全社的に在宅勤務の実施を命じることができるように定め
ておくことがよいでしょう。

【規定例1】

第○条（適用対象者）
1　この規程は，在宅勤務を希望する者のうち，次の各号を満たす者に適
　　用する。
　(1)　育児，介護，健康上の理由その他やむを得ない事由により，通勤が
　　　困難と認められる者であること
　(2)　在宅勤務の申請日において，勤続2年以上の者であること
　(3)　職務内容が自宅で行える者であること
　(4)　所属長の承認を得た者であること
2　会社は，前項第1号の事実を確認するため，必要最小限の書類の提出
　　を求めることがある。
3　会社は，天災事変，交通障害，感染症・伝染病の流行その他の事情に
　　より，在宅勤務の実施が適切であると判断したときは，全社員に在宅勤
　　務を命じることができる。

【規定例2】

第○条（適用対象者）
1　在宅勤務の対象者は，次の各号全てに該当する者とする。

第5章　在宅勤務のための規程整備　　121

(1)　在宅勤務を希望する者であること
(2)　勤続1年以上の者であること
(3)　自宅において自律的かつ円滑に業務を遂行できると認められる者で
　　あること
(4)　自宅の執務環境およびセキュリティ環境が適正であると認められる
　　者であること
(5)　所属長の許可を得た者であること
(以下略)

(3)　在宅勤務で行う業務の範囲

　在宅勤務で行う業務については，定型的な仕事からクリエイティブな仕事まで，幅広い業務を対象とすることが可能です。具体的には，情報の収集，資料・報告書の作成，企画書・見積書等の作成，経理・会計事務，データの入力・処理・加工，設計・デザイン，ソフト設計・プログラミング，原稿・論文の執筆・編集・校正，翻訳の業務などが挙げられます。
　導入初期においては，自社のICT環境やセキュリティ環境に応じて，現状のままで在宅勤務で行える業務を対象とし，環境整備の状況に合わせて，徐々に対象業務を広げるとよいでしょう。

【規定例】

第○条（適用対象業務）
　在宅勤務で行うことができる業務の範囲は，次のとおりとする。
(1)　情報収集および資料・報告書の作成
(2)　企画書および見積書等の作成
(3)　原稿・論文の執筆，編集および校正

(4) 翻訳
(5) 前各号のほか会社が認める業務

(4) 在宅勤務の申請手続き

在宅勤務適用対象者に在宅勤務の実施を認める際の手続きについては，在宅勤務希望者に「在宅勤務許可申請書」を提出させて，所属長の許可を得ることが考えられます。また，在宅勤務時の就労環境について，一定基準を満たしているか確認するため，在宅勤務希望者に，自宅の作業スペースについて自己申告することを義務付けておくとよいでしょう。

在宅勤務許可申請書に記載する事項としては，主に次のものがあげられます。

① 申請者の氏名，所属部門
② 在宅勤務を希望する理由
③ 在宅勤務実施希望期間および実施頻度
④ 就労場所および就労環境に関する事項
⑤ 在宅勤務で行う業務の内容

在宅勤務を許可された者が実際に在宅勤務を利用する際の手続きについては，所属長に口頭または電子メールで事前に届出を行わせるなど，できるだけ簡素にすることで，在宅勤務がより利用しやすいものになります。

【規定例】

第○条（申請手続）
1 在宅勤務を希望する者は，所定の在宅勤務許可申請書を所属長に提出し，その承認を得るものとする。

第5章　在宅勤務のための規程整備　123

2　在宅勤務の許可を受けて在宅勤務を行う場合は，前日までに所属長に届け出るものとする。ただし，やむを得ない事由による場合は，当日の届け出を認める。

3　会社は，業務上その他の事由により，在宅勤務の許可を取り消すことがある。

【書式例】在宅勤務許可申請書

在宅勤務許可申請書

申請日：平成　　年　　月　　日

株式会社○○○○
（所属長）　殿

　　　　　　　　　　　　所属部署
　　　　　　　　　　　　氏名　　　　　　　㊞

　私は，在宅勤務を希望しますので，在宅勤務規程第○条の規定に基づき，次のとおり申請いたします。

1　在宅勤務を希望する理由

2　在宅勤務実施希望期間および頻度
　(1)　在宅勤務実施期間　平成　年　　月　　日　～　平成　　年　　月　　日
　(2)　在宅勤務の頻度　　□毎日
　　　　　　　　　　　　□週　　　日（希望する曜日：月・火・水・木・金）
　　　　　　　　　　　　□特定の日（希望する日：　　　　　　　　）

3　就労場所　　　　　　自宅（住所：　　　　　　　）

4　在宅勤務で行う主な業務の内容

5　その他

第5章　在宅勤務のための規程整備　　125

【書式例】執務環境等申告書

執務環境等申告書

申請日：平成　　年　　月　　日

株式会社○○○○
（所属長）　殿

所属部署
氏名　　　　　　　㊞

　私は，在宅勤務規程第○条の規定に基づき，在宅勤務を希望するにあたり，自宅で業務を行う場合の執務環境について，次のとおり申告いたします。

1　情報通信設備の状況

項　目	申告事項
①電話回線	
②電話・ファックス機器	
③PC（機種，OS，使用ソフト等）	
④インターネットへの接続状況	

2　作業環境
（1）具体的な作業場所

見取り図の記載または作業場所の写真の貼付

(2) 在宅勤務時の執務環境

項　目	申告事項
①机・椅子に調整機能があるか	
②作業姿勢を適切に保てるか	
③照明および採光について明暗の対照が著しくなく，かつ，まぶしさを感じないか	
④ディスプレイ面にグレアが生じているか	
⑤騒音による執務環境への影響があるか	
⑥温度・湿度を適切に調整できるか	

3　その他
(1)　在宅勤務規程の内容を理解しているか　　　　　　　　　　　　　はい・いいえ
(2)　在宅勤務開始前研修を受講しているか　　　　　　　　　　　　　はい・いいえ
(3)　情報セキュリティ規程の内容を理解しているか　　　　　　　　　はい・いいえ
(4)　健康状態が良好であるか　　　　　　　　　　　　　　　　　　　はい・いいえ
(5)　自宅で業務を行うことについて同居人の理解を得ているか　　　　はい・いいえ
(6)　特別な事情の有無　　　　　　　　　　　　　　　　　　　　　　はい・いいえ
　　　（具体的な内容：　　　　　　　　　　　　　　　）

【書式例】在宅勤務許可書

在宅勤務許可書

平成　　年　　月　　日

（所属部門）

氏名　　　　　　　　殿

　　　　　　　　　　　　　株式会社○○○○

　　　　　　　　　　　　　○○部　部長　　　　　㊞

　○年○月○日付在宅勤務許可申請書により申請された事項に基づき，下記のとおり在宅勤務を許可する。

記

1　在宅勤務の実施期間
　　平成　　年　　月　　日から平成　　年　　月　　日までとする。

2　就労場所
　　就労場所は貴殿の自宅とする。（住所：　　　　　　　　　　　　　）

3　従事すべき業務の内容
　　データ分析業務

4　在宅勤務期間中の手当・費用負担
　(1)　在宅勤務手当として，月額○○円を支給する。
　(2)　通勤手当は支給しないものとし，実費精算とする。
　(3)　在宅勤務に伴って発生する水光熱費，通信費等の費用は，貴殿の負担とする。

5　情報の取扱
　　業務に必要な機材，資料その他情報を会社から持ちだす際は，所属長の許可を得るものとし，情報機器管理規程を遵守して，厳重に管理するものとする。

6　その他
　本書に記載なき事項については，就業規則および在宅勤務規程による。

　　　私は，上記事項を遵守し，業務を行います。

　　　　　　　　　　　　　　　　　　平成　　年　　月　　日
　　　　　　　　　　　　　　　　　住所：
　　　　　　　　　　　　　　　　　氏名：　　　　　　　　　　㊞

(5)　在宅勤務の実施期間

　在宅勤務の実施期間については，在宅勤務の目的により，必要とされる期間が異なります。ただ，会社の意向に反して長期化することがないように，一定の期間を定めて，それを超える場合には更新手続きをとることで，会社が在宅勤務の実施期間をコントロールできるようにしておくことが大切です。

　また，業務の遂行に問題が生じるなど，実施期間の途中で在宅勤務を中止させる必要が生じる可能性もあることから，会社の判断で許可を取り消し，通常勤務への復帰を命じることができる旨を定めておきます。

【規定例】

第○条（期間）
1　在宅勤務期間は，原則として，在宅勤務開始日から1ヶ月以内とする。
2　前項の期間を超えて在宅勤務を希望する者は，在宅勤務期間満了予定日の1週間前までに所属長に在宅勤務期間の延長を申請して，承認を得ることとする。
3　在宅勤務者が次の各号のいずれかに該当したときは，通常勤務に復帰

第5章 在宅勤務のための規程整備　129

することとする。
(1)　在宅勤務期間が満了したとき
(2)　在宅勤務期間満了前に本人から通常勤務への復帰申請があり，会社が認めたとき
(3)　会社から通常勤務への復帰を命じられたとき

(6)　在宅勤務時の就労場所

　在宅勤務時の就労場所を在宅勤務者の自宅に限定するか否かについては，企業によって考え方が分かれるところです。最近は，カフェや図書館などにパソコンや資料を持ち込んで仕事をする人が多く見受けられます。外出先での仕事は，隙間時間の効率的利用というメリットがあるだけでなく，集中力を高める効果があるとも言われています。在宅勤務導入済みの企業の中にも，在宅勤務者に自宅以外の場所での就労を認めているところがあります。

　しかし，公共の場でパソコンなどを使用して業務を行うことには，覗き込みや盗み聞きなどによる情報漏えいのリスクを伴います。また，自宅以外の場所で仕事をすることを認めた場合，たとえば，自宅から図書館に就労場所を移そうとして，移動の途中でケガをしたときに，業務上の災害に当たるか否かといった問題が生じることにもなります。在宅勤務は，あくまで自宅を就労場所として業務を行うことを認めるものです。在宅勤務と併せてモバイルワークやサテライトオフィス勤務の適用を認めている場合を除き，在宅勤務者の就労場所は自宅に限定することが望ましいといえます。ただ，介護を目的とした在宅勤務の場合は，要介護者が居住する場所で介護を行いながら仕事をする必要が生じることが想定されることから，そのような場合は，個別の許可により要介護者が居住する実家を就労場所

130

と認めることで対応できるようにしておくとよいでしょう。

　なお，在宅勤務者に自宅以外の場所で仕事をすることを認める場合は，情報漏えいのリスクをできるだけ減らすために，自宅以外の場所で行うことができる業務の内容や業務遂行の方法について，事前にルールを定めておくことが望まれます。

【規定例1】

　第○条（就業場所）
　　在宅勤務者は，自宅において就業するものとし，自宅以外の場所で就業してはならない。

【規定例2】

　第○条（就業場所）
　　就業場所は，原則として在宅勤務者の自宅とする。ただし，在宅勤務の理由により，自宅以外の場所を就労場所とする必要がある場合は，在宅勤務許可申請書にその旨を記載し，会社の承認を得るものとする。

(7)　在宅勤務時の労働時間

　在宅勤務時に適用する労働時間制については，通常の労働時間制のほか，フレックスタイム制やみなし労働時間制などがあり，いずれの労働時間制を適用するか，あらかじめ定めておく必要があります。在宅勤務の導入に伴い，新たにフレックスタイム制やみなし労働時間制を導入する場合，新たな労働時間制に関する事項については就業規則本体に規定し，当該規定を在宅勤務規程において在宅勤務者に適用するようにします。

　また，在宅勤務での時間外労働や深夜労働・休日労働の可否についても，

あらかじめルールを設けておきます。在宅勤務者の就労時間の取扱いについて明確にしておくことは，長時間労働や深夜労働・休日労働の恒常化による健康被害の発生防止に資するだけでなく，時間外割増賃金や深夜手当・休日手当の支給をめぐるトラブルの防止にも役立ちます。

【規定例1】通常の労働時間制を適用する場合

第○条（在宅勤務時の労働時間）

1　1日の労働時間および休憩時間は，就業規則第○条（労働時間）の定めによる。

2　前項の規定にかかわらず，在宅勤務者は，会社の承認を受けて，始業・終業の時刻および休憩時間を変更することができる。

3　原則として，時間外労働，深夜労働および休日労働を行ってはならない。

4　前項の規定にかかわらず，業務上の必要性により，時間外労働，深夜労働または休日労働が必要と認められるときは，所属長への申請に基づき，承認することがある。この場合，時間外労働，深夜労働または休日労働を行った時間および実施した業務内容等について，所定の方法により所属長に報告しなければならない。

5　時間外労働，深夜労働および休日労働については，賃金規程第○条に基づき，割増賃金を支給する。

■就業規則第○条（労働時間）

1　所定労働時間は，1週間については40時間，1日については8時間とする。

2　始業時刻，終業時刻および休憩時間は，次の各号のとおりとする。

　(1)　始業時刻　午前9時00分

　(2)　終業時刻　午後6時00分

　(3)　休憩時間　午後0時00分から午後1時00分まで

3 始業時刻・終業時刻および休憩時間は，業務の都合により，事前に予告して当該勤務日の所定労働時間の範囲内で，職場の全部，一部または各人において変更することがある。

【規定例2】 事業場外みなし労働時間制を適用する場合

第○条（在宅勤務時の労働時間）
1 1日の労働時間および休憩時間は，就業規則第○条（労働時間）の定めるところによる。
2 前項の規定にかかわらず，在宅勤務者が次の各号に該当する場合であって，会社が必要と認めた場合は，就業規則第○条（事業場外みなし労働時間制）を適用し，就業規則第○条（労働時間）第1項に規定する所定労働時間の労働をしたものとみなす。
  (1) 業務に用いる情報通信機器の接続の有無が在宅勤務者に任されており，所属長の指示により常時通信可能な状態におくこととされていないこと
  (2) 在宅勤務者が，随時，所属長の具体的な指示に基づいて業務を行っていないこと
3 前項の規定にかかわらず，就業規則第○条（事業場外みなし労働時間制）第2項または第3項の規定に該当する者は，それぞれ各項に規定する時間を勤務したものとみなす。
（以下省略）

■就業規則第○条（事業場外みなし労働時間制）
1 労働時間の全部または一部について事業場外で業務を行った場合において，労働時間の算定が困難な場合は，第○条（労働時間）に定める所定労働時間を勤務したものとみなす。

第5章　在宅勤務のための規程整備　　133

2　前項の業務の遂行について，必要とされる時間が第○条（労働時間）に定める所定労働時間を超えることが通常の場合は，当該業務に通常必要な時間を勤務したものとみなす。

3　事業場外で行う業務について，あらかじめ，所定労働時間を超えて労働することが必要であるとして労使協定を締結した場合は，労使協定で定めた時間を勤務したものとみなす。

【規定例3】フレックスタイム制を適用する場合

第○条（在宅勤務時の労働時間）

1　就業時間については，就業規則第○条（フレックスタイム制）を適用する。

2　前項の規定にかかわらず，就業規則第○条（フレックスタイム制）第3項に規定するフレキシブル・タイムおよびコア・タイムは，在宅勤務者には適用しないものとする。また，休憩時間の変更については，業務遂行上の必要により，弾力的に運用するものとする。

3　次の各号に規定する時間および日は，フレックスタイム制を適用しない。

(1)　午後10時から午前5時まで

(2)　祝休日，夏期休暇，年末年始休暇

4　業務上の必要性により前項に規定する時間または日に勤務する必要があるときは，事前に所属長に届け出て，許可を受けなければならない。

■就業規則第○条（フレックスタイム制）

1　会社は，必要と認めた場合は，労使協定を締結し，毎月1日を起算日とするフレックスタイム制を実施することができる。この場合，始業時刻および終業時刻は，各従業員の決定に委ねるものとする。

2　本条の適用対象者の範囲，清算期間，清算期間における総労働時間，標準となる1日の労働時間その他の事項については，労使協定で定める

ものとする。

3　始業および終業の時刻を従業員の決定に委ねる時間帯（以下「フレキシブル・タイム」という）および勤務しなければならない時間帯（以下「コア・タイム」という）は，次の各号のとおりとする。

　(1)　始業のフレキシブル・タイム　午前8時から午前10時まで

　(2)　終業のフレキシブル・タイム　午後3時から午後8時まで

　(3)　コア・タイム　午前10時から午後3時まで（休憩時間を除く）

4　フレックスタイム制実施期間において，業務上，緊急性または必要性が高い会議，出張，他部署もしくは取引先等との連携業務がある場合は，出社および出張等を命じることがある。

【規定例4】　企画業務型裁量労働制を適用する場合

第○条（在宅勤務時の労働時間）

1　1日の労働時間および休憩時間は，就業規則第○条（労働時間）の定めるところによる。

2　前項の規定にかかわらず，在宅勤務者のうち，事業運営に関する事項についての企画，立案，調査および分析の業務（以下「企画等業務」という）を行う者については，就業規則第○条（企画業務型裁量労働制）を適用する。

3　在宅勤務者が企画等業務に従事しなかった日については，前項の規定は適用しない。

4　原則として深夜労働または休日労働を行ってはならない。

5　前項の規定にかかわらず，業務上の必要性により，深夜または休日における就労が必要と認められるときは，所属長への申請に基づき，承認することがある。この場合，深夜労働または休日労働を行った時間および実施した業務内容について所定の方法により所属長に報告しなければならない。

6 深夜労働および休日労働を行った場合は，賃金規程第○条の規定に基づき，割増賃金を支払う。

■就業規則第○条（企画業務型裁量労働制の適用）
1 事業運営に関する事項についての企画，立案，調査および分析の業務を行う従業員のうち，業務の性質上，業務の遂行の手段および時間配分の決定等について，本人に委ねる必要がある者について，労使委員会における決議がなされた場合は，企画業務型裁量労働制を適用することとし，当該業務の遂行の手段および時間配分の決定等に関し，具体的な指示を行わないものとする。ただし，業務内容，職場規律，勤務管理上の指示等についてはこの限りでない。
2 前項の決議に基づく裁量労働制適用対象者の所定労働日における労働時間については，労使委員会で決議した時間を勤務したものとみなす。
3 本条に定める事項のほか，企画業務型裁量労働制の適用に関する事項は，企画業務型裁量労働勤務規程によるものとする。

(8) 在宅勤務者の処遇

　在宅勤務者の処遇についての考え方は，在宅勤務の導入目的や基本方針により，企業ごとに異なりますが，在宅勤務を選択することにより，不利益な取扱いが行われると，在宅勤務を制度として導入しても，実際には利用されないものとなってしまいますので，この点について十分留意する必要があります。

　在宅勤務者については，通常勤務者と同等の処遇を行う企業がある一方で，出勤に伴う電話対応等が免除される分，給与水準をやや下げたり，出来高制で賃金を支給したりするケースもあります。職務給制度を導入している企業の場合，在宅勤務中の職務に応じて賃金の引下げを行うことが認

められる余地があるものと考えられますが，職能給制度や役割給制度が導入されている場合は，在宅勤務に伴い職務内容が変更したことのみをもって一方的に賃金を引き下げることは，労働条件の不利益変更にあたり認められません。在宅勤務者の処遇について，通常勤務者と異なる扱いをする場合には，就業規則を改定したうえで，個々の従業員との間で労働条件の変更について合意することが必要となります。

　なお，最低賃金法により，会社は，従業員に対し，都道府県ごとに定められた最低賃金以上の賃金を支払うことを義務付けられていますが，在宅勤務者に適用される最低賃金は，在宅勤務者の自宅所在地の最低賃金ではなく，会社所在地の最低賃金となりますので，注意してください。

【規定例】

第○条（処遇）
1　在宅勤務者の給与については，給与規程の定めによる。
2　在宅勤務期間中の通勤手当については，出社日数に応じて支給する。

(9)　在宅勤務時に使用する情報通信機器

　在宅勤務で使用する情報通信機器については，情報セキュリティの観点から，会社が貸与した情報通信機器を使用させることが一般的です。業務で使用するソフトウェアやアプリケーションについても，ウイルス感染による情報漏えいを防止するため，会社が承認したものに制限することが必要とされます。

　なお，BYOD を認める場合は，情報セキュリティの観点から，利用する機器について事前の申請に基づいて会社が使用の可否を判断し，使用する際のルールを「個人端末業務利用規程」などに定め，その内容を遵守さ

第5章　在宅勤務のための規程整備　　137

せることが大切です。

【規定例1】

第○条（在宅勤務時の使用機器）
1　会社は，在宅勤務者に業務に使用する情報通信機器を貸与する。
2　在宅勤務者は，会社が貸与する情報通信機器に，会社が承認した以外のソフトウェア・アプリケーションをインストールしてはならない。
3　在宅勤務者は，会社の事前の許可なく，自己が所有する私物の情報通信機器を業務に使用してはならない。

【規定例2】

第○条（在宅勤務時の使用機器）
1　会社は，在宅勤務者に必要な情報通信機器を貸与する。
2　在宅勤務者は，自ら所有する情報通信機器（以下「私物の情報通信機器」という）を業務に使用することを希望する場合は，所定の申請書に必要事項を記載のうえ，会社に申請するものとする。
3　会社は，前項の申請がなされた場合，私物の情報通信機器の使用の可否を審査し，その結果を遅滞なく申請者に連絡するものとする。
4　在宅勤務者は，会社の許可を得て私物の情報通信機器を業務に使用するにあたり，個人端末業務利用規程を遵守するものとする。
5　在宅勤務者は，在宅勤務時に利用する情報通信機器に，会社が承認した以外のソフトウェア・アプリケーションをインストールしてはならない。

⑽　在宅勤務時の情報セキュリティ

　情報セキュリティに関する事項は，情報セキュリティポリシーや情報セキュリティルールなどで規定することも可能です。在宅勤務規程で，在宅

勤務者が遵守しなければならない情報セキュリティに関する社内規程等を明確にしたうえで，教育・研修等を通して，在宅勤務者にその内容を理解させることが情報セキュリティを確保するうえで重要です。

【規定例】

第〇条（情報管理）

1　在宅勤務者は，業務に必要な機材，資料その他情報を会社から持ち出す場合は，所属長の許可を得るものとし，持ち出した機材，資料その他情報を厳重に管理しなければならない。

2　在宅勤務者は，情報セキュリティ規程を遵守し，情報漏えいを起こさないよう常に注意するものとする。

3　在宅勤務者は，業務の遂行にあたり，インターネット利用規程，電子メール利用規程，情報通信機器利用規程，情報管理規程等を含む会社の就業規則を遵守するものとする。

⑾　在宅勤務時の費用負担

　在宅勤務時に発生する費用には，情報通信機器にかかる費用，通信回線の設置等にかかる費用，文具，備品，郵送等にかかる費用，水光熱費，交通費などがあります。業務に必要とされる費用は，本来，会社が負担すべきものです。しかし，在宅勤務に伴って発生する水光熱費や通信費等については，会社が負担する部分と従業員が個人で負担すべき部分を分けることが難しいため，これらの費用については，在宅勤務者の負担としたうえで，一定の額を在宅勤務手当として支払う場合もあります。

　また，通勤手当については，在宅勤務の実施頻度によって，定期代を支払うことが適当な場合と，出社した日の交通費を実費精算することが適当な場合があることから，出社日数に応じて決定することが考えられます。

第5章　在宅勤務のための規程整備　　139

　在宅勤務者に在宅勤務により発生する費用を負担させる場合には，あらかじめ労使で十分に話し合い，就業規則にその旨を定めておかなければなりません。

【規定例】

> 第○条（費用負担）
> 1　在宅勤務者は，在宅勤務の実施に伴い自宅において通信回線等の初期工事および回線の設置等を行った場合は，その費用を会社に請求できる。なお，請求可能な費用の内訳は，別に定める。
> 2　在宅勤務実施時に発生する通信費，郵送費，事務用品にかかる費用その他会社が認めた費用は，会社の負担とする。
> 3　水光熱費その他の費用は，在宅勤務者の負担とする。

⑿　在宅勤務時の連絡体制

　在宅勤務時における連絡体制については，事故発生時の連絡方法，災害を含めた緊急事態発生時の連絡方法，情報通信機器の故障等が発生した際の連絡方法，日常的事務連絡等の方法など，緊急度や重要度等に合わせて，定めておきます。連絡体制をしっかり整えておくことで，在宅勤務者も安心して働くことができます。

【規定例】

> 第○条（在宅勤務時の連絡体制）
> 1　在宅勤務時に事故等が発生した場合，在宅勤務者は，所属長に連絡する。なお，所属長が不在の場合は，所属長が予め指名した者に連絡する。
> 2　社内において緊急連絡事項が発生した場合，在宅勤務者への連絡は所属長が行うものとする。なお，在宅勤務者は，不測の事態が発生した場

合において，確実に連絡が取れる方法を予め所属長に申請しておかなければならない。

3　在宅勤務時に，情報通信機器に不具合が生じた場合，在宅勤務者は，情報管理部に連絡するものとし，所属長にも事後速やかに報告する。

4　社内報，部署内回覧物等については，予め部署内で決めた担当者が在宅勤務者に連絡する。

⒀　在宅勤務者の教育・研修

在宅勤務を行う際に遵守しなければならない事項や，在宅勤務時に使用する情報通信機器やツール等の利用方法について確認させるため，在宅勤務者に研修の受講を義務付ける場合は，その旨を在宅勤務規程または就業規則本体に定めておかなければなりません。

【規定例】

第○条（教育・研修）

1　会社は，在宅勤務者に対し，業務に必要な知識・技能を高め，資質の向上を図るため，必要な教育・研修を行う。

2　在宅勤務者は，前項の教育・研修を受講するよう指示された場合，特段の事由がない限り，受講しなければならない。

⒁　モニタリング

在宅勤務時の就労状況を確認するために，使用する情報通信機器や在宅勤務者の自宅内にWEBカメラを設置したり，情報通信機器にインストールしたソフトウェア・アプリケーションやウェアラブルセンサー等によって在宅勤務者の個人データを取得するにあたっては，就業規則や在宅勤務

規程に根拠規定を設け，実施目的や実施時間帯，取得する情報の内容等について事前に在宅勤務者に説明したうえで行うことが必要です。また，実際に WEB カメラ等を設置する際は，設置場所等について十分に話し合い，本人の同意を得たうえで行うようにします。

【規程例】在宅勤務規程

在宅勤務規程

第1章　総則

第1条（目的）

　この規程は，柔軟で効率のよい就業環境の実現により，業務効率の向上，通勤時間の効率化および負担の減少，ならびに育児・介護と仕事の両立支援に資することを目的として，在宅で業務を遂行する者の労働条件その他就業に関する事項を定めるものである。

第2条（定義）

1　「在宅勤務」とは，所定労働時間の全部または一部について，自宅または会社が個別に許可した場所において，会社が認めた情報通信機器を用いて業務に従事することをいう。

2　「在宅勤務者」とは，第5条の申請手続きに基づき在宅勤務を許可された者をいう。

第3条（在宅勤務の対象者）

1　在宅勤務の対象者は，次の各号をすべて満たす者とする。

　⑴　在宅勤務を希望する者であること

　⑵　勤続1年以上の者で，かつ，自宅において自律的に業務を円滑に遂行できると認められる者であること

　⑶　自宅の執務環境およびセキュリティ環境が適正であると認められる者であること

　⑷　所属長の許可を得た者であること

2　前項の規定にかかわらず，会社は，天災事変，交通障害，感染症・伝

染病の流行その他の事情により，在宅勤務の実施が適切であると判断したときは，すべての社員に在宅勤務を命じることができる。

第4条（在宅勤務の対象業務）
在宅勤務で行うことができる業務は，次のとおりとする。
(1) 情報処理システム分析および設計業務
(2) 企画書の作成業務
(3) 経理の業務
(4) 前各号のほか，会社が認める業務

第2章　在宅勤務の許可・利用

第5条（在宅勤務の申請手続き）
1　在宅勤務を希望する者は，「在宅勤務許可申請書」および「執務環境申告書」に必要事項を記載のうえ，所属長に提出し，許可を得るものとする。
2　在宅勤務許可申請書を提出した者が第3条第1項各号を満たすと認められるときは，会社は「在宅勤務許可書」を交付する。
3　会社は，在宅勤務実施期間における業務の内容，所定労働日数，所定労働時間の変更等について，本人の同意を得たうえで，条件を付すことができる。
4　在宅勤務者は，在宅勤務を行う日の前日までに所属長に在宅勤務の届出を行うものとする。ただし，子供の急な病気等やむを得ない事由による場合は，当日の届出を認める場合がある。
5　会社は，業務上その他の事由により，在宅勤務の許可を取り消す場合がある。

第6条（在宅勤務実施期間）
1　在宅勤務実施期間は，原則として1か月以内とする。ただし，必要に

応じて更新する場合がある。

2　会社は，在宅勤務実施期間においても，業務上の理由がある場合は，出社，出張または通常勤務への復帰を命じることができる。

第7条（勤務場所）

1　在宅勤務時の勤務場所は，原則として在宅勤務者の自宅とする。ただし，別途の指示があった場合は，会社が指定する場所とする。

2　在宅勤務者は，自宅または会社が指定した場所以外で業務を行ってはならない。

第8条（在宅勤務時の服務規律）

1　在宅勤務者は，在宅勤務の趣旨を理解し，自律的かつ効率的に業務を遂行し，業務に専念するものとする。

2　在宅勤務者は，業務の開始時および終了時において，次の各号のいずれかの方法で所属長に連絡するものとする。

　(1)　電話

　(2)　電子メール

　(3)　勤務管理ツール

3　在宅勤務者は，業務の進捗状況について，電話，ファクシミリ，電子メールその他所属長が指示する方法により，適宜報告するものとする。また，在宅勤務中は，適宜，電子メールの受信確認を行うものとする。

4　在宅勤務者は，業務に必要な機材，資料その他情報を会社から持ち出す場合は，あらかじめ所属長の許可を得るものとし，持ち出した機材，資料その他情報を厳重に管理しなければならない。

5　在宅勤務者は，情報漏えいを起こさないよう常に注意する。

6　在宅勤務者は，業務の遂行にあたり，情報セキュリティ規程，インターネット利用規程，電子メール利用規程，情報通信機器利用規程，情

報管理規程を含む就業規則を遵守するものする。違反した場合は，就業規則第○条に基づく懲戒処分を受けることがある。

第9条（通常勤務への復帰）

1　在宅勤務者は，次の各号のいずれかに該当したときは，通常勤務に復帰するものとする。

(1)　在宅勤務実施期間が満了し，期間の更新がないとき

(2)　在宅勤務実施期間の途中で対象となる業務が完了したとき

(3)　在宅勤務実施期間の途中で在宅勤務を行う理由が消滅したとき

2　在宅勤務者の業務遂行，労働時間管理，または健康管理等について著しい不具合が認められるなど，会社が在宅勤務の継続が困難であると判断し，通常勤務への復帰を命じた場合，在宅勤務者は，直ちに通常勤務に復帰しなければならない。

第3章　在宅勤務時の労働時間等

第10条（在宅勤務時の労働時間）

1　1日の労働時間および休憩時間は，就業規則第○条（労働時間）の定めによる。

2　前項の規定にかかわらず，在宅勤務者は，会社の承認を受けて，始業・終業の時刻および休憩時間を変更することができる。

3　在宅勤務中に私用のために業務を一時中断した時間，および自宅と会社または取引先等との間を移動した場合の移動時間は，休憩時間とする。ただし，業務上の事由により在宅勤務中に移動を命じられた場合は，当該移動に要する時間については，労働時間として扱う。

第11条（休日）

休日については，就業規則第○条（休日）の定めによる。

第12条（時間外労働等の禁止）

1　在宅勤務者は，原則として，就業規則第○条（時間外労働および深夜・休日労働）に定める時間外労働，深夜労働および休日労働を行ってはならない。

2　前項の規定にかかわらず，業務上の理由により，時間外労働，深夜労働または休日労働が必要と認められるときは，所属長への事前の申請に基づき，認めることがある。この場合，時間外労働，深夜労働または休日労働を行った時間および業務内容等について，所定の方法により所属長に報告しなければならない。

3　時間外労働，深夜労働および休日労働を行った場合は，賃金規程第○条に基づき，割増賃金を支給する。

第13条（欠勤等）

　在宅勤務者は，欠勤または勤務時間中に私用のために業務を一時中断する場合は，事前に所属長に申し出て，許可を得るものとする。ただし，やむを得ない事由により事前に申し出ることができない場合は，事後速やかに届け出なければならない。

第4章　在宅勤務者の処遇等

第14条（給与・手当）

1　給与については，給与規程の定めによる。

2　在宅勤務実施期間中において，所定労働時間が短くなる者の給与については，育児・介護休業規程第○条に規定する勤務短縮措置時の給与の取り扱いに準じるものとする。

3　在宅勤務期間中の通勤手当については，出社日数に応じて支給する。

第5章　在宅勤務のための規程整備　　147

第15条（機器の貸与）

1　会社は，在宅勤務の実施に必要な情報通信機器を貸与する。

2　在宅勤務者は，貸与された情報通信機器に，会社の事前の承認のないソフトウェア・アプリケーションをインストールしてはならない。

第16条（私物の情報通信機器の使用）

1　前条の規定にかかわらず，在宅勤務者が自ら所有する情報通信機器（以下「私物の情報通信機器」という）を業務に使用することを希望するときは，所定の申請書に必要事項を記載のうえ，会社に申請するものとする。

2　会社は前項の申請がなされた場合，私物の情報通信機器の使用の可否を審査するものとし，その結果を遅滞なく申請者に連絡する。

3　会社の許可を得て私物の情報通信機器を業務に使用する在宅勤務者は，個人端末業務利用規程を遵守して業務を行うものとする。

第17条（費用負担）

1　在宅勤務者は，在宅勤務の実施に伴い自宅において通信回線等の初期工事および回線の設置等を行った場合は，その費用を会社に請求できる。なお，請求可能な費用の内訳は，別に定める。

2　在宅勤務実施時に発生する通信費，郵送費，事務用品にかかる費用その他会社が認めた費用は，会社の負担とする。

3　在宅勤務時の水光熱費その他の費用は，在宅勤務者の負担とする。

第18条（在宅勤務時の連絡体制）

1　在宅勤務時に事故等が発生した場合，在宅勤務者は，所属長に連絡する。なお，所属長が不在の場合は，所属長が予め指名した者に連絡する。

2　社内において緊急連絡事項が発生した場合，在宅勤務者への連絡は所

属長が行う。なお，在宅勤務者は，不測の事態が発生した場合において，確実に連絡が取れる方法を予め所属長に申請しておかなければならない。

3　在宅勤務時に，情報通信機器に不具合が生じた場合，在宅勤務者は，情報管理部に連絡し，所属長にも事後速やかに報告する。

4　社内報，部署内回覧物等については，予め部署内で決めた担当者が在宅勤務者に連絡する。

第19条（教育・訓練）

1　会社は，在宅勤務者に対し，業務に必要な知識・技能を高め，資質の向上を図るため，必要な教育・研修を行う。

2　在宅勤務者は，会社から教育・研修を受講するよう指示された場合，特段の事由がない限り，受講しなければならない。

第20条（災害補償）

在宅勤務中の業務上災害については，就業規則第○条（災害補償）の定めるによる。

第21条（安全衛生）

1　会社は，在宅勤務者の安全衛生の確保および改善を図るため，必要な措置を講じる。

2　在宅勤務者は，安全衛生に関する法令等を遵守し，会社と協力して労働災害の防止に努めるものとする。

第22条（モニタリング）

1　就業規則第○条（モニタリング）の定めに基づき，在宅勤務者の自宅において，ビデオカメラ，情報通信機器等によるモニタリングを行うことがある。

第5章　在宅勤務のための規程整備　149

> 2　前項に基づくモニタリングの実施に際しては，事前に実施目的，実施
> 方法，実施時間帯，および収集される情報等について通知するものとし，
> 在宅勤務者のプライバシーを侵害しないよう配慮する。
>
> 附則　この規程は，平成○年○月○日から施行する。

3　「個人端末業務利用規程」の作成

(1)　BYOD 黙認のリスク

　業務に私物の情報通信機器を利用することを認める BYOD には，情報
漏えいリスクや労務管理上の問題があるため，リスク回避の観点から，
BYOD を禁止している企業は少なくありません。しかし，中には，
BYOD を公式には認めていないにもかかわらず，実態として従業員が
BYOD を行っているのを黙認しているケースも見受けられます。

　私物の情報通信機器を会社の許可を得ずに業務に利用することを「シャ
ドー IT」といいます。従業員が隠れて行う BYOD を黙認することは，企
業自らシャドー IT を助長しているようなものであり，非常に危険な状態
であるといえます。BYOD を認めるか否か，いずれの場合においても，
企業としてのルールを明確にして，徹底することが大切です。

(2)　BYOD 規程作成のポイント

　BYOD を認める場合には，情報セキュリティの観点から，「個人端末業
務利用規程」（以下「BYOD 規程」といいます）を作成することが必要で
す。BYOD 規程は，できるだけシンプルで，わかりやすいものであるこ

とが望まれます。守れないルールは却ってリスクを増大させる原因となります。規程の作成に際しては，自社における私物の情報通信機器の利用状況や利用者のニーズを確認・把握したうえで，現実に運用できる内容とすることが大切です。

BYOD 規程では，主に次の事項について定めます。

① 目的

BYOD の実施目的を明確にします。

② 対象社員

BYOD の実施目的に合わせて，対象とする従業員の範囲を定めます。

③ 対象機器

BYOD を行う端末は，企業が許可した情報通信機器のみとします。

④ 許可条件

利用許可申請が承認された場合にのみ，許可条件の範囲内で実施できることとします。

⑤ 遵守事項

BYOD を実施する際に遵守すべき事項を明確にします。

⑥ 情報通信機器の管理・運用に関する事項

業務に利用する情報通信機器の管理について，従業員が負う善管注意義務を明記し，運用に際しては，規程および運用マニュアル等を遵守することを義務付けます。

⑦ 監査に関する事項

規程等の遵守状況を確認するため，会社の監査権の行使に関する事項を規定します。

⑧ 緊急措置に関する事項

規程違反等が認められる場合における利用許可の停止・解除，紛失・盗難などが発生した際の届出義務，緊急措置として情報通信機器

内のデータの削除等の措置を実施できる会社の権利などについて定めます。

⑨　懲戒・損害賠償に関する事項

遵守事項に違反した場合には懲戒処分および損害賠償請求の対象になる旨を明記します。

(3)　誓約書の取得

BYOD規程を作成したら，その内容を従業員に周知します。BYOD規程の説明に際しては，BYOD規程が定められた趣旨についても説明し，従業員が私物の情報通信機器を業務にも利用するに際して受ける制約やリスク，BYOD規程に違反した場合に受ける不利益などについて理解できるようにすることが大切です。

また，BYODでは，従業員が自ら所有する情報通信機器について利用が制限されること，また，セキュリティ対策や監査等を行う際に従業員の財産やプライバシー侵害の問題が生じうることなどから，BYODを希望する従業員については，個別に誓約書を提出させて，問題となりうる事項について，あらかじめ本人の同意を得ておくことが望ましいといえます。

誓約書に記載すべき事項としては，主に次のようなものがあげられます。

①　業務に利用する私物の情報通信機器の中に，前職などで取得した他社の営業秘密等が保存されていないこと

②　使用する基本ソフト・アプリケーションは会社が認めたもののみとし，改造等を行わないこと

③　第三者に使用させないこと

④　会社による利用制限や情報取集，強制的なデータの削除等に同意すること

⑤　紛失・盗難等が発生した場合は，直ちに会社に報告すること

⑥　BYOD 終了時に業務に関するデータをすべて消去すること

⑦　BYOD 規程を遵守すること

第5章　在宅勤務のための規程整備　　153

【規程例】個人端末業務利用規程

個人端末業務利用規程

第1条（目的）

　この規程は，業務効率の向上および情報セキュリティの維持・向上を図るため，個人名義で所有する情報通信機器の業務利用について，社内基準を確立することを目的とする。

第2条（対象）

1　この規程は，社員および役員（以下「社員等」という）に適用する。

2　委託事業者および派遣社員等が個人名義で所有する情報通信機器を使って会社の情報システムへ接続することは，禁止とする。

第3条（定義）

　この規程において，個人端末とは，社員等が個人名義で所有するスマートフォン，タブレット，ノートパソコン等の携行可能な情報通信機器および会社が認めた機器をいう。

第4条（利用許可）

1　社員等は，個人端末を会社の業務に利用することを希望する場合，所定の利用許可申請書を提出し，会社の許可を得なければならない。

2　社員等は，利用許可を得た場合に限り，許可条件に従い，会社が認めた範囲内において，個人端末を業務に利用することができる。

3　会社は，社員等が業務に利用する個人端末について，業務上必要と判断される範囲内で，機能の制限，設定の変更，個人端末内の情報の削除等を指示することができ，社員等は，会社の指示に従わなければならない。

4　会社は，社員等の個人端末の利用状況に鑑み，いつでも利用許可を解

除することができる。

5 利用許可を得ていない社員等については，個人端末による業務上の電子メール，業務で使用する情報資産，顧客情報，業務用アプリケーションの使用，ならびに会社の情報システムへの接続を禁止する。

第5条（遵守事項等）

1 社員等は，個人端末の業務利用に際し，この規程のほか，利用許可申請書に記載される事項および情報セキュリティ規程を含む会社の諸規則を遵守するものとする。

2 社員等は，会社が実施する個人端末の業務利用にかかる教育・研修を受講しなければならない。

3 社員等は，利用許可を受けた個人端末に会社が利用を禁止する基本ソフト・アプリケーション等をインストールしてはならず，また，個人端末内の基本ソフト・アプリケーションを改ざんしてはならない。

4 社員等は，会社から利用許可を受けた個人端末以外の個人端末を業務に利用しようとする場合は，会社に利用許可申請書を提出し，会社の許可を得なければならない。

5 社員等は，利用許可を得た個人端末を第三者に貸与し，または使用させてはならない。

6 利用許可を得た個人端末について故障，不具合が発生した場合，または機種変更の必要性等が発生した場合は，すみやかにその旨を会社に報告し，会社の指示に従うものとする。

7 社員等は，転籍・退職などにより，または故障，機種変更等の事由により利用許可を得た個人端末を業務に利用しなくなった場合は，所定の利用許可解除申請書を提出し，会社の承認を得るものとする。なお，社員等は，利用許可解除にあたり，当該個人端末に保存されている会社の業務にかかわるすべての情報を削除するものとする。

第5章　在宅勤務のための規程整備　155

第6条（善管注意義務）

1　社員等は，善良なる管理者の注意義務をもって個人端末を管理・利用しなければならない。

2　社員等は，個人端末の管理・利用にあたり，業務で利用する情報と私的に利用する情報を明確に分けて取り扱わなければならない。

3　社員等は，個人端末の紛失・盗難，故障，不具合が発生した場合，またはコンピュータウイルスに感染し，もしくはそのおそれがあると判断した場合は，直ちに会社に報告し，会社の指示に従わなければならない。

4　社員等は，この規程および情報セキュリティ規程の改訂，変更に注意を払い，常に最新の規定内容について理解していなければならない。

5　個人端末の管理・利用に関する事項については，所定の相談窓口に相談するものとする。

第7条（監査）

1　社員等は，個人端末の業務利用状況について，会社の求めに応じて監査を受けなければならない。

2　会社は，個人端末の利用状況を確認するために，社員等に個人端末の提出を求めることができ，また，個人端末内に記録されているすべての情報（削除された情報を含む）を閲覧し，複写等により情報収集を行うことができる。

3　社員等は，監査を受けるにあたり，個人端末の設定状態，安全性，業務関連情報の保存状態等を確認するための操作等に協力するものとする。

第8条（緊急措置）

1　会社は，社員等がこの規程に違反し，もしくはそのおそれがあると判断した場合，または情報セキュリティ上の必要性があると判断した場合は，即時に個人端末の利用許可を停止または解除することができる。

2 前項の場合，社員等は，会社の指示に従って，個人端末内の情報（社員等の個人情報を含む場合がある）の削除を含め，情報セキュリティ上，必要性があると会社が判断する措置（以下「緊急措置」という）を即時に講じなければならない。

3 社員等が緊急措置を講じない場合，または緊急措置を講じることが困難であると認められる場合，会社は，当該社員等の個人端末について遠隔操作等により緊急措置を講じることができる。なお，緊急措置を講じたことにより社員等に発生した損害について，会社は一切責任を負わないものとする。

第9条（懲戒等）

1 社員等は，この規程に違反した場合，就業規則に基づく懲戒処分を受けることがある。

2 社員等は，この規程に違反して会社に損害を与えた場合，損害賠償請求を受けることがある。

第10条（改廃）

　この規程の改廃は，情報セキュリティ委員会の審議を経て起案し，取締役会の決議による。

附則　この規程は，平成○年○月○日から施行する。

【書式例】個人端末の業務利用に関する誓約書

個人端末の業務利用に関する誓約書

　私は，私の個人名義で所有する情報通信機器（以下「個人端末」という）を業務に利用するに当たり，次のとおり誓約します。

1. 私が業務に利用する個人端末は，私の名義で契約し所有するものであって，利用許可書に記載されている機器のみとします。
2. 利用許可書に記載されている個人端末には，他の企業の機密情報および持出，複製，第三者への開示が禁止された情報等は一切保存されていません。
3. 個人端末の業務利用にあたっては，利用目的および利用範囲を利用許可書に明記された事項に限定し，会社の定める諸規程を遵守します。
4. 基本ソフトおよびアプリケーションについては，会社が認めたもののみを利用し，改造等を行いません。
5. 会社が個人端末に業務上必要とされる機能制限，設定変更，データ等の削除を行うこと，また，個人端末の利用状況を確認するために情報収集を行うことに同意します。
6. 会社が必要と判断した場合，個人端末を会社に提出し，個人端末内に記録されている一切のデータ（削除されたデータを含む）を会社が閲覧・複写することに同意します。
7. 個人端末を第三者に貸与せず，また，使用させません。
8. 個人端末の紛失・盗難，故障・不具合，コンピュータウイルスへの感染，またはそのおそれが生じた場合は，直ちにその旨を会社に届け出て，会社の指示に従います。また，会社が緊急の措置が必要と判断した場合，個人端末内のすべての情報（個人情報を含む）の削除等を行うことに同意します。
9. 個人端末の業務利用終了に際しては，個人端末内に記録されたデータおよび業務用アプリケーションその他の業務にかかわる一切の情報を消去します。
10. 本誓約書および個人端末の業務利用に関する諸規程に違反した場合，個人端末の利用許可を取り消されても一切異議を申しません。

平成　　年　　月　　日
株式会社○○○　御中

　　　　　　　　　　　　　　　　　　　社員番号
　　　　　　　　　　　　　　　　　　　所　属
　　　　　　　　　　　　　　　　　　　氏　名　　　　　　　㊞

第6章

働き方改革は制度を
作って終わりではない

　在宅勤務というこれまでにない新しい働き方を導入した場合，導入当初
は，会社も従業員も，なにかと戸惑うことが多いと思われます。実際，在
宅勤務導入済み企業においても，導入してみたものの，利用希望者が一向
に増えなかったり，在宅勤務を悪用して仕事をサボる人がいたりと，思う
ように運用が進まないケースも見受けられます。

　しかし，導入してすぐに何の問題もなくスムーズに運用できる制度など，
もともとないのではないでしょうか。まずは試行的に実施してみて，課題
が見つかったらその課題を克服するための対策を検討し，ルールを見直し，
また試行的に実施して，それを何度も繰り返し行うことで，ようやく本格
的な運用開始にこぎつけるようになります。そして，本格的運用開始後も，
運用効果を上げるためには，継続的に運用状況を把握し，従業員の声を聴
きながら，問題点が見つかれば改善策を検討し，試行錯誤を繰り返しなが
ら最適な運用を模索していくことが求められます。制度を根付かせるため
には，社内の意識改革が必要です。そして，意識改革には，時間が必要で
す。

　厚生労働省では，ここ数年，在宅勤務をはじめとするテレワークの活用
によって労働者のワークライフバランスの実現に顕著な成果を上げた企業
を表彰しています。表彰を受けた企業には，大企業だけでなく，中小企業

も多く含まれています。表彰企業におけるテレワークへの取組みをまとめた事例集には，各企業におけるテレワークの導入目的，テレワークの実施にあたり実際に取り組んだこと，導入によって得られた効果などが掲載されており，在宅勤務の導入を検討中の企業だけでなく，導入後の運用について悩みを抱えている企業にとっても大いに参考になるものと思われます。

　本章では，在宅勤務導入後に多くの企業が直面すると思われる課題とその対策のポイントについて，在宅勤務導入済み企業の例をあげながら見ていきます。

課題 1

育児・介護期の従業員支援を目的として在宅勤務を導入したが利用者が一向に増えない

　在宅勤務の利用者が増えない理由として，申請手続きが煩雑であったり，1か月前の申請が必要とされているなど，利用者にとって利用しくにいものとなっていることが考えられます。とくに，育児・介護を理由とする在宅勤務では，子供の急な発熱で保育園から呼び出しがあったり，要介護者のその日の容態や状況によって病院への付き添いが必要になったりと，突発的事態が発生することが多く，急な届出にも柔軟に対応できる仕組みにしておくことが望まれます。

　また，従業員の中には，在宅勤務を利用すると周りに迷惑を掛けてしまうのではないかと気を遣い　本当は利用したいのに利用できないでいる人もいると思われます。在宅勤務の利用者を増やすためには，会社が在宅勤務の導入により何を実現しようとしているのか，在宅勤務導入の目的が全社員に向けてしっかり周知されていること，そして，管理職層を含めた従業員一人ひとりが在宅勤務によって得られる効果を理解していることが大

第6章 働き方改革は制度を作って終わりではない　161

切です。育児・介護期にある従業員の在宅勤務の利用は，従業員とその家族の生活の安定を守るだけでなく，健康面や精神面のリスクを低減し，育児・介護を理由とする離職防止対策としても有効なものです。従業員と会社の双方にとってプラスに働くものであることの理解を広めることができれば，在宅勤務の利用者は，おのずと増えていくものと思われます。

CASE **男性管理職の積極的な利用が普及のきっかけになった事例**

　株式会社ローソンでは，2008年のトライアルを経て，小学校3年生までの子どもを持つ従業員を対象に終日在宅勤務の利用を導入し，以降，利用申請者は一定数が維持されています。導入当初は，子育て中の女性は弱者であり，守ってあげるためのテレワーク制度という解釈が浸透していましたが，男性管理職が育児を理由として在宅勤務を使い始めたことで，誰でも利用できる制度であると印象付けたことが普及のきっかけとなり，男性従業員の利用につながっています。

　また，同社では，在宅勤務制度普及のための工夫として，導入当初に義務付けていた利用後の業務報告の手続きを簡素化しました。現在は，直属の上司に報告するルールを設け，利用者が成果を出せているのであれば，フォームに沿った業務報告は不要としています。

（出典）　厚生労働省「平成28年度テレワークモデル実証事業　テレワーク活用の好事例集」より要約。

CASE **役員の問題意識の高さが在宅勤務制度を普及促進させた事例**

　江崎グリコ株式会社では，2015年4月から在宅勤務のトライアルを開始し，同年12月から制度化しています。在宅勤務のトライアルが決定すると，研究所の役員の問題意識が高く，管理職が部門全体に積極的に利用するよう働きかけました。また，システム部門の役員からの理解，協力により，トライアル時に利用する機器にかかる費用をシステム部門が負担しました。同社での制度の普及促進は，このような各

部門の役員の連携協力によるところが大きいといえます。

　在宅勤務の対象者は，妊娠・育児・介護等に従事する者で，原則週20時間が利用の上限となっています。ただし，子どもの学級閉鎖や入院等の特別な場合には，上長判断で枠を拡大することが可能です。また，終日在宅勤務だけでなく，部分的在宅勤務の利用者も多くいます。

　同社では，将来的に在宅勤務を特別感のない制度にすることを見据え，職場の理解を高めることによって利用率を高め，さらなる浸透を図りたいとしています。

（出典）　厚生労働省「平成28年度テレワークモデル実証事業　テレワーク活用の好事例集」より要約。

課題2

部署によって利用率に大きく差がでる

　部署によって在宅勤務の利用率に差がでる理由としては，部署に所属する従業員の女性の比率や年齢層の相違，業務内容が在宅勤務で行いやすいものであるか否かなどが影響していることが考えられます。しかし，一方で，各部署の管理職層が在宅勤務の必要性を理解しているか，部下の在宅勤務の利用に積極的であるか否かが，在宅勤務の利用率に大きく影響している可能性もあります。

　目の前にいない部下を管理したり，評価したりすることに不安を覚える管理職層は少なくありません。「在宅勤務だと，ちゃんと仕事をしているかどうかわからない」，「目の前で仕事をしている部下の方が頑張っているようにみえる」など，在宅勤務に否定的な考えをもつ上司のもとでは，部下も「在宅勤務を利用すると評価が下がるのではないか」と心配になることは想像に難くありません。

　在宅勤務に否定的な考えをもつ管理職層が在宅勤務の導入・運用の壁になることは，めずらしいことではありません。導入済み企業の中には，こ

うした管理職層による抵抗を回避する目的で，在宅勤務を導入する際に，まず管理職層を対象にしたトライアルを実施し，管理職層が自らの体験を通して，在宅勤務のメリット・デメリットを理解できるよう工夫しているところもあります。会社が在宅勤務を導入した目的を管理職層が正しく理解していることは，在宅勤務を実際に利用可能な制度として社内に根付かせ，利用拡大を図るうえで，重要なポイントとなります。

　部下のプライベートにも配慮しつつ，業務効率を高め，公正・公平に評価し，担当部署の労働生産性を向上させることが管理職層に求められる役割であるという意識を管理職層が持つことが，在宅勤務の利用拡大を図るうえで必要とされます。

CASE 管理監督者にテレワークを体験させたことで部下のテレワークに対する理解が浸透した事例

　明治安田生命保険相互会社では，CSR 経営宣言の中で，健康的な職場づくりを推進しています。テレワークの導入によって柔軟な働き方が可能となる環境の整備を企図し，2015年1月からプレトライアルをスタートしました。トライアル開始当初は，管理監督者を中心にテレワーク用の端末を貸与し，管理監督者のテレワークに対する理解を深めることで，テレワークが利用しやすい職場環境の整備を推進しました。同年の4月からは，本社の全組織を対象にトライアルを実施し，企画業務型裁量労働制適用者および管理監督者が参加したほか，育児・介護を事由に参加を希望する者にも適用を許可しました。トライアルで実施した利用者アンケートを反映し，同年の7月からは，自宅PCを利用したテレワークのトライアルも実施しました。トライアル期間中に，本格展開した際の各種ルールの検討を進め，2016年から本格的な展開を実施しています。

　同社では，管理監督者がテレワークの実施効果を体験したことで，部下のテレワークに対する理解が浸透し，利用者アンケートでは，管理監督者の約80％が部下のテレワークの利用に肯定的な回答をしています。

資料出所：厚生労働省「平成27年テレワーク推進企業等厚生労働大臣表彰〜輝くテレワーク賞〜事例集」より要約。

課題3

利用希望者が増えるにつれて，在宅勤務者の仕事を探すことが難しくなる

「在宅勤務でできる仕事が少ない」という声はよく聞かれます。小売や製造などの業種では，「うちでは在宅勤務でできる仕事はない」と端から在宅勤務の導入をあきらめてしまっている企業も少なくありません。総務省の「平成28年通信利用動向調査」をみても，テレワークを実施しない理由として，約7割の企業が「在宅勤務に適した業務がないから」と回答しています。

しかし，実際には，製造，小売，金融，損保など，多岐にわたる業種において在宅勤務が導入されています。仕事のやり方を変えずに，仕事をする場所だけを自宅に変えようとすると，在宅勤務でできる仕事は自ずと限られてしまいます。在宅勤務を希望者全員が利用できる制度とするためには，在宅勤務でできる仕事を探したり，新たに仕事を作ったりするのではなく，普段，会社で行っている仕事を自宅でも同じように行うことができるように，仕事のやり方自体を見直し，在宅勤務を行いやすいシステム環境を整備することが必要となります。在宅勤務導入済み企業では，導入に際して，業務の棚卸や業務フローの見直しを行うところが少なくありません。

CASE　ワークスタイルの見直しにより働き方改革を進めている事例

コニカミノルタジャパン株式会社では，従業員の働き甲斐と生産性の向上を同時

に目指して，働き方改革を進めています。2015年の本社移転を機に，オフィスのフリーアドレス化，スーパーフレックスタイム制（午前５時から午後10時までの間に７時間40分働けばよく，コアタイムはなし）を導入しました。また，オフィス内で保管するほぼすべての紙の書類を電子化する「社内ドキュメント・ストック・ゼロ施策」に取り組み，紙に縛られない業務遂行インフラを実現し，オフィススペースの有効活用が行われています。

　同社では，「場所，時間，紙に縛られない働き方」をテーマに，全社をあげてテレワークに取り組んでいます。2016年４月時点で1,175名がテレワークを実施し，同年７月には約2,800名を対象にした全社一斉のテレワークトライアル・在宅勤務トライアルも実施しました。こうした活動を通して，同社では，全社一斉休暇期間中に発生したBCPにおいても，業務遂行が可能な状況になっています。

　同社では，「ライブオフィスツアー」を実施して，同社の働き方改革に興味を持つ企業や事業者等に自社が実践している働き方改革を紹介する活動も行っています。

（出典）　総務省・厚生労働省「テレワーク推進企業ネットワーク」より要約。

課題4
在宅勤務を利用できない従業員の間で不公平だという声がある

　在宅勤務は，育児・介護期にある従業員を支援し，雇用を維持するうえで有効なものです。しかし，そのような特別な事情のない従業員にとっても，在宅勤務を利用することができれば，通勤にかかる時間や負担が削減され，空いた時間を家族と共に過ごす時間や趣味，自己啓発などにあてることができ，ワークライフバランスの実現が可能になるものです。

　在宅勤務では，取引先からの電話対応や連絡事項の伝達など，通常勤務者のサポートを必要とする場面も多々あります。その際，「お互い様」という意識をもって支え合う環境がないと，「在宅勤務者ばかり楽をしている」，「在宅勤務者がいると電話対応などの雑用が増えて自分の仕事がはか

どらない」など，不満に思う人が増えてくることが想定されます。一旦そうした雰囲気が職場内で広がってしまうと，在宅勤務者が通常勤務者の目を気にするようになり，在宅勤務を利用したいと思っていても，利用できなくなってしまいます。

　適用対象者が必要に応じて在宅勤務を利用できる制度にするためには，適用対象者の範囲を徐々に拡大して，希望者全員が利用できる制度にしていくことが望ましいといえます。在宅勤務導入済み企業においても，導入当初は対象者を育児・介護期にある従業員などに限定していても，運用の状況をみながら徐々に全社的制度として，対象者の範囲を拡大していく傾向が見られます。

　ただ，担当する業務の内容によっては物理的に職場を離れて仕事をすることが難しい従業員もいると思われます。その場合は，在宅勤務の必要性について在宅勤務の適用対象外の従業員も理解できるように周知するとともに，適用対象外の従業員が在宅勤務以外の方法でワークライフバランスを実現できる仕組みを整えるなど，適用対象者とのバランスに配慮した対応が求められます。

CASE　在宅勤務の対象者を全社員に拡大した事例

　日産自動車株式会社では，全社員を対象に在宅勤務ができる制度を導入しています。2006年に在宅勤務制度を導入した当初は，対象を育児・介護による利用に限っていたうえ，１か月前の申請が必要であるなど，制度として使いにくいものとなっていました。2010年に対象者を生産工程以外の全社員に拡大して，育児・介護枠と別に，目的を問わず在宅勤務を利用できるようにし，さらに，2014年から利用の上限を月５日（40時間）に拡大し，前日申請も可能になりました。2015年からは月40時間以内を上限として日数制限をなくしています。制度改正後，育児による在宅勤務利用者は，改正前の３倍にまで増えました。

第6章　働き方改革は制度を作って終わりではない　　167

（出典）　日本経済新聞（2016年1月16日朝刊）をもとに作成。

課題5

在宅勤務者の評価が難しいという管理職層が多い

　在宅勤務者について通常勤務者と同じように評価できるようにするためには，従業員の働く場所にかかわらず適切な評価を行える評価システムが必要です。在宅勤務の導入を機に人事評価システムの見直しを行う企業は，少なくありません。どのような働き方を選択しても，公平かつ適正な評価が行われる仕組みがなければ，従業員は安心して働くことができません。

　また，管理職が在宅勤務者について適切に評価できるようにするためには，管理職のマネジメント力の向上を図る必要があります。会社が在宅勤務の導入を決めた目的を理解し，人事評価システムを使って在宅勤務者について適正な評価を行い，担当する部署や会社全体の生産性を向上させることが，管理職層に求められる役割であり，管理職層がその役割を果たすためのマネジメント力を養う機会を設け，研修等を実施することは，在宅勤務を社内に根付かせ，運用拡大を図るうえで必須であるといえます。

CASE　テレワーク実施者が働きやすい職場環境作りのためにマネジメント研修を実施している事例

　ネットワンシステムズ株式会社では，2010年にテレワーク制度，フリーアドレス制，リモートデスクトップなどのトライアルを実施。2011年には，成果重視のワークスタイル変革を目的として，テレワーク制度，フレックスタイム制度，報酬制度の改訂を実施し，社内説明会やマネージャー教育を開催しました。以降，毎年8月に全社員を対象に「ワークスタイル調査」を実施して，テレワークなどの働き方やICTツール，オフィスファシリティの活用状況の定点観測，改善のための意見収集

と結果の社内啓蒙を定期的に実施しています。

　同社では，テレワーク実施者が働きやすい職場作りのために，経営戦略としてテレワークを推進することをコミットメントし，マネジメント研修の実施により「管理者間のテレワーク活用における意識のギャップ」を是正しました。さらに，上司とテレワーク利用者の不安解消のための運用ガイドラインを策定し，①テレワーク時のコミュニケーション，評価，マネジメント，②上司のマネジメント責任（テレワークの日時変更，出社命令，利用禁止）を明文化しています。2014年から，マネージャー研修のメニューに「ワークスタイルマネジメント（テレワークの有効活用）」を追加し，ワークショップ形式による有効事例の横展開やメンバー指導方法の共有を図っています。

（出典）　厚生労働省「平成27年度テレワーク推進企業等厚生労働大臣表彰〜輝くテレワーク賞〜事例集」より要約。

課題6 ....

在宅勤務だと業務効率が下がる者がいる

　在宅勤務で効率的に仕事をすることができる人は，自己管理能力の高い人です。従業員の中には，周りの人の目がないと仕事をする緊張感を保つことができなかったり，自宅だと誘惑が多いため，ついついテレビを見たり，仕事に関係のない本を読んだりして，仕事がはかどらないという人もいることが考えられます。

　在宅勤務を経営戦略としてとらえ，生産性の向上を在宅勤務の目的とするのであれば，在宅勤務に向かないと会社が判断した従業員については，在宅勤務の許可を取り消し，通常勤務に復帰させるべきであるといえます。在宅勤務時の業務効率が悪く，一緒に働くチームのメンバーに迷惑をかける従業員がいると，職場全体の生産性にマイナスの影響を及ぼし，他の従業員のモチベーションを低下させることにもなりかねません。

第6章　働き方改革は制度を作って終わりではない　　169

　在宅勤務を適切に運用するためには，在宅勤務は自宅でも集中して自律的に仕事ができる者についてのみ利用が認められる働き方であることを周知し，在宅勤務に向かない者には利用を認めないとする対応を徹底することが大切です。

CASE　通常勤務と同等の成果を出せることを在宅勤務の必須条件としている事例

　シスコシステムズ合同会社では，在宅勤務の適用は，「オフィスで業務する場合と同等のパフォーマンスが出せること」を必須条件としています。2001年より在宅勤務規程を施行しており，在宅勤務にあたっては，事前に所属長の承認を得ること，常に会社と連絡をとれるようにしておくこと，会社の要請があれば速やかに出勤すること，そして，業務の進捗を一日に最低1回は所属長に報告することを求めています。この在宅勤務規程に基づいて，部門ごとに，勤務予定の事前申請や在席確認の方法などのガイドラインを設け，業務に即した形で運用を行っています。
　シスコの全世界でのテレワークによる生産性向上貢献度調査では，シスコ日本法人における貢献度は9.5億円と推定されています。

（出典）　厚生労働省「平成27年度テレワーク推進企業等厚生労働大臣表彰～輝くテレワーク賞～事例集」より要約。

CASE　在宅勤務の導入にあたり成果主義を徹底している事例

　ユニリーバ・ジャパン・ホールディングスでは，2016年7月から，働く場所と時間を原則自由とする人事制度をグループ会社に導入しています。工場など一部を除き，社員の8割ほどが対象とされ，事前に申請すれば，理由を問わず，会社以外での勤務が可能です。日数・時間の制限がなく，平日午前6時から午後9時の間で自由に勤務し，休憩を取ることができます。新制度の導入にあたっては，社員から，「サボる人がいたらどうするのか」，「みんな出社しなくなったらどうするのか」など，懸念の声があがりましたが，同社では，「サボって成果が上がらなければ，そのツ

ケは本人に回ってくる。上司も，顔を合わせずとも部下の能力を引き出せなければ管理職として失格」として，成果のみで評価する姿勢を徹底しています。

（出典）　日経ビジネス（2017年3月20日号）をもとに作成。

課題7

在宅勤務だと過重労働になりがちな者がいる

　在宅勤務者の中には，仕事と私生活の区切りを上手くつけることができず長時間労働になってしまったり，上司や同僚にサボっていると思われたくないがために，必要以上に頑張ってしまい，成果を出そうと夜中まで働いて体調を崩してしまう人がいます。真面目な人ほど過重労働に陥りやすい傾向があります。

　在宅勤務導入済み企業では，時間外労働や深夜・休日の労働を原則禁止としているところが少なくありません。就労時間外のメール等による連絡も緊急の場合を除いて禁止したり，午後6時以降は会社のシステムにアクセスできないようにして，在宅勤務者が会社に内緒で就労時間を超えて働くことがないようにしているところもあります。

　在宅勤務者が過重労働に陥らないようにするためには，在宅勤務者の労働時間の管理を会社が適切に行うこと，そして，在宅勤務者について正しく評価できる人事評価システムがあることが大切です。在宅勤務時の就労について適正に評価できる仕組みがあることで，在宅勤務者も安心して働くことができます。

第6章　働き方改革は制度を作って終わりではない　171

> **CASE**　残業申請システムを導入して長時間労働を防止している事例

　富士通株式会社では，2010年に育児・介護と仕事の両立を支援するために，在宅勤務制度を導入しましたが，個人単位で利用する制度だったため，利用が広がりませんでした。そこで，全社員を対象にした働き方改革の検討を2014年12月にスタートしました。働き方改革のトライアルに着手し，課題の洗い出しや対策の検討を進め，2017年４月から「テレワーク勤務制度」を正式導入しています。同社の「テレワーク勤務制度」は，利用回数に制限がなく（ただし，終日テレワークは週２回まで），利用時に上司に事前申請をして始業時に業務予定を，終業時に実施報告をすることが義務付けられています。休日や深夜時間帯のテレワークを原則禁止し，終日テレワークは，８時間以内としています。

　同社では，このような制度を設けたうえで，グループ会社が開発したシステムを導入して，長時間労働やサービス残業対策を行っています。残業が必要な際は，日々，上司に申請させ，事前申請なく所定時間外にPCを使用していたり，申請時間を過ぎて使用していたりする場合には，数分おきにPC上に警告を出して業務を終了するよう促します。また，強制的なログオフやシャットダウンを行うことも可能になっています。

（出典）　富士通株式会社ウェブサイトをもとに作成。

> **課題8**
> ## 在宅勤務だと職場の状況がわからなくて不安になるという声がある

　在宅勤務では，上司や同僚との情報の共有，すなわちコミュニケーションが業務効率の維持・向上のためだけでなく，在宅勤務者のメンタルヘルスを良好に保つうえでも大切になります。在宅勤務導入済み企業では，常時在宅勤務する従業員について，定期的に出社させてミーティングを実施したり，上司との面談を通して業務の進捗状況や業務の進め方について確認を行っているところがあります。出社した際には，休憩時間に一緒にラ

ンチを食べたり，就業時間後に飲み会をセッティングするなど，業務以外でのコミュニケーションも図られています。

　また，在宅勤務時においても，同じ部署の他の従業員の業務スケジュールをパソコン上で確認できるようにしたり，在宅勤務者も参加できるように社内や取引先との打ち合わせを電話会議やWEB会議で行う，会社貸与のスマートフォンのソーシャルネットワーキングサービスを利用して画像付きで会話できる，社内SNSやチャットを使って在宅勤務者と通常勤務者がいつでも簡単にやり取りできる，カメラを使ってお互いの働いている様子を見ることができるようにしているなど，在宅勤務者と通常勤務者が職場で机を並べて働いているのと変わらない就労環境を整える取組みが行われています。

　在宅勤務者の中には，在宅勤務を始めてから毎日必ず始業時と終業時に上司と電話で業務に関する報・連・相を行うようになり，また，同僚とも意識的にコミュニケーションをとるように心掛けるようになったことで，以前よりも職場のコミュニケーションが活性化したと感じている人もいます。

　在宅勤務者がいる部署では，在宅勤務者が孤独にならないよう，上司がこまめに声掛けをしたり，職場で連絡係を決めて業務以外の日常的な連絡事項についても漏れが生じないようにするなどの工夫が必要とされます。在宅勤務者のメンタルヘルスに配慮した対応としては，EAP[1]などの外部業者によるサービスを活用することも有効と思われます。

　在宅勤務者の中にメンタルヘルス不調が心配される者がいる場合には，早期に産業医との面談の機会を設けるなどの措置を取ることが必要です。

　1　EAP（Employee Assistance Program：従業員支援プログラム）は契約企業の従業員から仕事，対人関係，家庭問題，メンタル面などに関する相談を受け，カウンセリング，研修等を実施するなどによって問題解決を支援するサポート・プログラム。

第6章　働き方改革は制度を作って終わりではない　　173

在宅勤務に向かないと判断される従業員については，速やかに通常勤務に戻すことが求められます。

CASE　**テレワークによるコミュニケーション希薄化防止対策を講じている事例**

　東京急行電鉄株式会社では，2014年10月から，本社勤務員かつ妊娠者，育児休業者および介護休業者のうち早期復職者を対象に在宅勤務を導入しています。同社では，テレワークによるコミュニケーションの希薄化を防ぎ，多様な人材が活躍する組織作りを目的に，上司と部下や職場のコミュニケーションを活性化させる「トーク with」活動を推進しています。具体的には，部下との面談の際にはツールとして「トーク with」シートを活用し，業務評価以外の会話を促進しています。また，「グルコミプラン」と称した福利厚生制度を設け，職場懇親会への補助を実施しています。

（出典）　東京急行電鉄株式会社ウェブサイトをもとに作成。

課題9
管理職の在宅勤務は担当部署の業務効率に影響しそうで心配だ

　管理職層に在宅勤務を適用して積極的に利用させることは，在宅勤務の必要性への理解を促すだけでなく，在宅勤務希望者が在宅勤務を利用しやすい環境を作るうえでも有効です。ただ，職場において部下を管理し，指揮命令する立場にある管理職層に在宅勤務を行わせるにあたっては，あらかじめ在宅勤務でも管理職としての役割を適切に果たすことができる仕組みを整えておく必要があります。

　一般の従業員が在宅勤務を行う場合には，主に上司との間で報・連・相が行われますが，管理職が在宅勤務を行う場合には，担当部署に所属する

従業員全員との間で情報を共有する仕組みが必要になります。この仕組みが整っていないと，管理職が部下一人ひとりとの間で連絡をとることになり，無駄な業務が発生して業務効率が低下するだけでなく，情報の伝達過程で齟齬が生じるおそれもあります。

　また，WEB 会議ができる環境を整えておくことで，急な打ち合わせの必要が生じた場合にも，在宅のままいつでも会議を行うことができ，管理職の判断が必要な事項についても速やかに対応することが可能となります。

　上司がどこにいても部下が業務効率を落とさずに働くことができるようにするためには，情報共有の仕組みを整えると共に，いつ誰が抜けても，すぐ下の従業員が代わりを務められる仕組み作りが必要となります。そして，そのような仕組みを作るためには，職位ごとに業務内容を明確にし，従業員一人ひとりが自らに求められる役割を理解し，上司の代わりを務められるだけのワークスキルを身に付けることが求められます。日頃からそのような意識をもって仕事をすることは，部下のワークスキルの向上にもつながります。

CASE　スーパーの店長に在宅勤務を適用した事例

　東北地方で店舗展開するイオンスーパーセンター株式会社では，人口減少で働き手の確保が難しくなる中，従業員の家庭生活も視野に働き方を見直し，2016年の春に，店長にも 1 か月最大 5 日の在宅勤務を認める人事制度を導入しました。新しい人事制度の導入に合わせ，店長，副店長といった職位ごとに業務内容の一覧表を作成し，誰が抜けてもすぐ下の従業員が代わりを務められる仕組みを設けたことで，店長の在宅勤務が可能となりました。さらに，制度導入後，店長業務を代行した部下の能力が目に見えて高まり，より多くの仕事を任せられるようになったことで，店長の残業時間が減り，店舗の女性管理職比率が大幅に上がるなど副次的効果も得られました。

第6章　働き方改革は制度を作って終わりではない　　175

|（出典）　日本経済新聞（2016年7月21日朝刊）より要約。

課題10 ....

台風の日に在宅勤務を実施したところ，ほとんど機能しなかった

　東日本大震災のあと，災害時の事業継続を目的として在宅勤務を導入する企業が増えました。平常時は一部の従業員にのみ在宅勤務を認めている企業の中にも，緊急時には全社員に在宅勤務を行わせているところがあります。災害発生時に限らず，台風や大雪などの悪天候の際や，事故などによる交通機関の乱れが発生した際，あるいはインフルエンザ等の伝染病への感染リスクが高まったときに，通常勤務を在宅勤務に切り替えて，従業員の安全を確保しつつ通常どおり業務を行うことができれば，生産性の維持・向上が図られます。

　しかし，日常的に行っていないことを非常時に突然行うことには無理があります。在宅勤務を災害時において機能するものとするためには，避難訓練と同様に，平時の訓練が必須となります。在宅勤務導入済み企業の中には，毎年，全社一斉に在宅勤務を実施しているところもあります。

　もっとも，全社一斉に在宅勤務を行うとなると，実施スケジュールを事前に周知したり，取引先に連絡を入れて協力を求めるなど，事前の準備が必要となります。政府は，2020年の東京オリンピック開催に向けて，オリンピック開会式の予定日である7月24日を「テレワーク・デイ」とし，首都圏を中心とした企業や団体に，テレワークの実施を呼び掛けています。2017年に実施された第1回テレワーク・デイには，約6万人が参加しました。第2回となる2018年は，「テレワーク－デイズ」として，7月24日を含めた複数日のテレワークの実施を呼びかけています。こうした機会を利用して，全社一斉の在宅勤務を試行的に実施してみるのもよいでしょう。

| CASE | 定期的に在宅勤務を試行している事例 |

　株式会社沖ワークウェルでは，テレワークの対象者は，原則，社員全員です。元々は障害者雇用のために通勤が困難な重度障害者のみを対象としていましたが，健常の通勤社員においても，「親の介護」，「育児」，「大型台風」，「一時的な怪我」，「家族の看病」など，「通勤は難しいが仕事はできる」という場合には，補完的に在宅勤務を取り入れています。そのため，通勤社員は普段からデスクトップ PC ではなく，原則としてモバイル PC を使用し，定期的に在宅勤務を試行しています。同社では，爆弾低気圧やインフルエンザの流行などで外出を控えることが求められる場合でも，通勤社員が臨機応変に在宅勤務することで，安全確保と事業継続が可能となっています。

（出典）　厚生労働省「平成28年度テレワーク推進企業等厚生労働大臣表彰～輝くテレワーク賞～事例集」より要約。

| 課題11 |
在宅勤務時の情報セキュリティ対策が適切に行われているか心配だ

　在宅勤務時のセキュリティ対策は，どの企業にとっても重要かつ不可欠なものです。セキュリティをどこまで堅固なものとするかは企業の判断によりますが，セキュリティ対策は，強化すればするほど堅固なものとなる一方で，コストがかさむ，情報システム担当者の負担が増大する，認証作業が煩雑になって作業効率が低下するなどの問題が発生します。

　在宅勤務時のセキュリティ対策については，在宅勤務で取り扱う情報の内容，漏えいした場合のリスク，セキュリティ対策にかかるコスト，業務効率への影響などを勘案したうえで，バランスのよい対策を講じることが求められます。営業秘密や漏えいした場合の影響が大きい情報については，在宅勤務での取扱いを禁止することも対策の一つです。

第6章　働き方改革は制度を作って終わりではない　　**177**

　セキュリティ対策で一番重視すべきは，在宅勤務者のセキュリティに対する意識です。どんなに堅固な対策を講じても，在宅勤務者の不注意あるいは悪意による情報漏えいのリスクをゼロにすることはできません。そのため，在宅勤務時のセキュリティ対策を講じるうえで，在宅勤務者に対する研修など人的対策を講じることが不可欠です。

　最近では，テレワーク中に情報漏えいが発生したときの損害保険も販売されています。ネット接続した際のウイルス感染により顧客情報が流出したり，端末経由の攻撃でシステムが故障したことによる損害のほか，端末の紛失も補償の対象となります。情報セキュリティリスクが顕在化した際の費用発生リスクを低減する方法として，こうした保険への加入を検討することも一案かと思われます。

CASE　**情報セキュリティ対策を図りながら全社員にテレワークを適用している事例**

　ネスレ日本株式会社では，全社員を対象に，理由・事由を問わず，テレワークの利用回数の制限なく自宅等社外での勤務を可能とする「フレキシブルワーキング制度」を平成28年1月から導入しています。同社では，テレワーク導入前に管理職対象の説明会で「フレキシブルワーキング制度」の理解促進を図ると共に，イントラネットでの案内や詳細なFAQ等の情報提供によって社内全体での周知・理解促進を図りました。

　同社では，セキュリティ対策として，独自のネットワークで各マーケットとシステムを結び，付与しているPC自体にも内部の情報を暗号化する仕組みを導入し，外部からの攻撃に備えています。また，全社員に対して入社時に「ネスレのエンドユーザーセキュリティポリシー」を配布する等，情報セキュリティに関する教育・情報提供を図り，「フレキシブルワーキング制度」を利用して社外での勤務を開始する前には，Eラーニングの受講を求めています。

(出典) 厚生労働省「平成28年度テレワーク推進企業等厚生労働大臣表彰～輝くテレワーク賞～事例集」より要約。

CASE 中小企業の情報セキュリティ対策の事例

　株式会社キャリア・マムでは，設立より16年間，テレワークを実践および推奨しており，テレワークを活用することで，ワークライフバランスを社員自らが実行したうえで，必ず利益は確保することを目標としています。同社では，在宅勤務を希望する社員には，セキュリティツールの名称を含めPC内のソフトウェアをすべて申請させています。また，鍵のかかるキャビネット，シュレッダーを用意し，情報セキュリティ対策を行っています。

(出典) 厚生労働省「平成27年度テレワーク推進企業等厚生労働大臣表彰～輝くテレワーク賞～事例集」より要約。

課題12

在宅勤務用ツールの導入は必要か

　最近では，勤怠管理ツール，業務管理ツール，チャットやWEB会議などを行うためのコミュニケーションツールなど，在宅勤務を実施するうえで便利なツールが沢山あります。機能や特徴，利用形態，価格等は，ツールごとに異なりますが，中には初期費用や毎月の利用料がかからず，無料で利用できるものもあります。在宅勤務導入済み企業では，無料あるいは低価格で利用できるツールを上手につかってコストを抑えながら，在宅勤務に適した環境を整えているところもあります。

　しかし，必ずしも在宅勤務用ツールを導入する必要はありません。在宅勤務制度を運用する中で必要性を感じるようになったら，導入を検討することで足りると思われます。また，事業者が提供するツールには，無料の

トライアル期間が設けられているものも少なくありませんので，導入する際は，いくつか試用してみて，使い勝手のよいものを選択するとよいでしょう。

なお，ツールを導入しても，普段から使っていないと，いざ使おうとした際に使い方がわからなかったり，使いにくかったりと，導入効果が得られなくなってしまいます。そのため，新たにツールを導入した際には，ツールの操作方法の説明会を開催するほか，利用マニュアルを整備したり，ヘルプデスクを設置して相談体制を整えるなど，日常的にツールを使いこなすための環境を整えることが大切です。

CASE **ツール活用により重度身体障害者の職業選択の幅が広がった事例**

ジョブサポートパワー株式会社では，2004年より重度の身体障害者を対象に，在宅勤務を導入しています。2012年秋に初の視覚障害（全盲）の在宅勤務社員が入社したことを背景に，在宅勤務業務の内容・体制の根本的な見直しを実施し，視覚障害者を含むあらゆる重度の障害者が企業で働く可能性を広げ，企業の戦力となることを目的として，2013年に在宅勤務業務・体制の構築プロジェクトをスタートさせました。

視覚障害者は，通勤での高いリスクや職場環境の整備の必要性に加え，対応できる業務が少ないことから，職業選択の幅が狭く，事務職での就業機会を見つけることが極めて困難とされていましたが，音声読み上げソフトやSkypeなどICTの進歩をフルに活用したチーム体制・業務フローを構築した結果，事務職で戦力となる在宅勤務社員の雇用機会の創出が可能となりました。

同社では，在宅勤務は，ノーマライゼーションという点においても，広義のワークライフバランスを実践できる働き方であると考えています。全社員の半数以上の社員が，重度身体障害者の在宅勤務社員であり，それぞれが自宅から，毎日常にコミュニケーションを図りつつ業務運営を行っています。

(出典) 厚生労働省「平成27年度テレワーク推進企業等厚生労働大臣表彰〜輝くテレワーク賞〜事例集」より要約。

課題13

在宅勤務に適した環境の整備に費用がかかる

在宅勤務に適した環境整備にどこまで費用をかけるかは，企業ごとに異なりますが，在宅勤務を導入する企業に適用される助成金制度が，ここ数年，実施されています。助成金制度は，毎年少しずつその内容が変更され，中には打ち切りになるものもありますが，政府が働き方改革を積極的に進めている状況に鑑みますと，在宅勤務にかかわる助成金は，当面存続するものと思われます。毎年4月頃にその年度に実施される助成金制度が公表されますので，在宅勤務の導入を検討する際は，助成金制度の利用も併せて検討するとよいでしょう。

在宅勤務を導入する際に利用可能な助成金[2]としては，次のものがあります。

① 「時間外労働等改善助成金（テレワークコース）」（厚生労働省）

厚生労働省の「時間外労働等改善助成金（テレワークコース）」（旧「職場意識改善助成金（テレワークコース）」）は，労働時間等の設定の改善および仕事と生活の調和の推進のため，終日，在宅またはサテライトオフィスにおいて就業するテレワークに取り組む中小企業事業主に対して，テレワークの新規導入またはテレワークの継続活用に要した費用の一部を助成するものです。短時間のテレワークの実施の場合も助成対象となり，1事

2　平成30年4月時点において公表されている助成金。

業主当たり2回まで支給を受けることができます。

　支給対象となる取組みとしては，次のものがあげられます。
- テレワーク用通信機器の導入・運用（パソコン，タブレット，スマートフォンは支給対象外）
- 保守サポートの導入
- クラウドサービスの導入
- 就業規則・労使協定等の作成・変更
- 労務管理担当者や労働者に対する研修・周知・啓発
- 社会保険労務士などの外部専門家によるコンサルティング

　これらの取組みの実施に要した経費の合計額に，目標達成状況ごとに定められた補助率を乗じて算定された額が上限額の範囲内で支給されます。

図表6-1　成果目標達成状況ごとの補助率および上限額

成果目標の達成状況	達成	未達成
補助率	3／4	1／2
1人当たりの上限額	20万円	10万円
1企業当たりの上限額	150万円	100万円

② 「TOKYO働き方改革宣言企業制度」（東京都）

　「TOKYO働き方改革宣言企業制度」は，従業員の長時間労働の削減および年次有給休暇等の取得促進のための目標および取組み内容を定めて全社的に取り組む企業を「TOKYO働き方改革宣言企業」として承認し，働き方改革奨励金（最大110万円）や，専門家による巡回・助言，コンサルティングなどの支援を利用できるようにしているものです。

平成30年度から「テレワーク加算」が新設され，働き方改善のために整備する制度の中に「テレワーク制度」または「在宅勤務制度」がある場合，奨励金として10万円が支給されます。

③　「女性の活躍推進等職場環境整備助成金」（東京しごと財団）

　東京都では，公益財団法人東京しごと財団と連携して，女性の採用・職域拡大を目的とした職場環境の整備や，仕事と育児・介護等の両立に向けた働きやすい職場環境づくりの取組みを支援する目的で「女性の活躍推進等職場環境整備助成金」の制度を設けています。東京都内の中堅・中小企業（常時雇用する労働者が2名以上999名以下）等が取り組む在宅勤務，モバイル勤務等を可能とするテレワーク環境整備にかかる費用を助成するものです。テレワークの環境構築については，女性だけでなく，男性の職場環境整備の場合にも利用できます。

図表6-2　テレワーク活用推進コース

助成対象事業者	都内に勤務する常時雇用する労働者が2名以上かつ999名以下で都内に本社または事業所を置く中堅・中小企業等。※他要件あり。	
助成対象事業	テレワーク機器導入事業	在宅勤務，モバイル勤務等を可能とする情報通信機器等の導入によるテレワーク環境の整備
	サテライトオフィス利用事業	サテライトオフィスでのテレワーク導入に伴う民間サテライトオフィスの利用
助成の対象となる費用の例	テレワーク機器導入事業	● モバイル端末等整備費用 ● ネットワーク整備費用 ● システム構築費用 ● 関連ソフト利用料 ● 上記環境構築を専門業者に一括委託する経費
	サテライトオフィス利用事業	民間サテライトオフィス利用に係る経費
助成金上限・助成率	テレワーク機器導入事業	限度額：250万円・助成率：1/2
	サテライトオフィス利用事業	限度額：250万円・助成率：1/2

（出典）　公益財団法人東京しごと財団ウェブサイト。

第6章　働き方改革は制度を作って終わりではない　　183

④　「障害者介助等助成金（在宅勤務コーディネーターの配置または委嘱
　　助成金）」（独立行政法人高齢・障害・求職者雇用支援機構）

　障害者介助助成金は，重度身体障害者または就職が特に困難と認められ
る身体障害者を労働者として雇い入れるか継続して雇用している事業主が，
障害の種類や程度に応じて，適切な雇用管理のために必要な介助等の措置
を行う場合に，その費用の一部を助成するものです。

図表6-3　　障害者介助等助成金

障害者介助等助成金の名称	助成金の対象となる措置の概要
①職場介助者の配置または委嘱助成金	• 事務的業務に従事する重度視覚障害者または重度四肢機能障害者の業務遂行のために必要な職場介助者の配置または委嘱 • 事務的業務以外の業務に従事する重度視覚障害者の業務遂行のために必要な職場介助者の委嘱
②職場介助者の配置または委嘱の継続措置に係る助成金	上記①の職場介助者の配置または委嘱助成金の支給期間が終了する事業主であって，職場介助者の配置または委嘱の継続措置を実施
③手話通訳・要約筆記等担当者の委嘱助成金	聴覚障害者の雇用管理のために必要な手話通訳・要約筆記等担当者の委嘱
④障害者相談窓口担当者の配置助成金	雇用する障害者に対する合理的配慮の取組みを推進するため，従前からある相談体制に加えて，新たに障害者の雇用管理の経験を有する担当者を配置すること，外部の障害者雇用専門機関に相談業務を委託することなどによりその機能を拡充

（出典）　独立行政法人高齢・障害・求職者雇用支援機構ウェブサイト。

　なお，助成金の支給を受けるためには，助成金ごとに定められた要件を
満たす必要があります。詳しい内容については，関係省庁のウェブサイト
等で確認することができます。

PICK UP 「ワーケーション」という働き方

　ワーケーションとは，「ワーク（仕事）」と「バケーション（休暇）」を組み合わせた造語で，旅先で休暇を楽しみながら，テレワークを行う働き方をいいます。テレワークを導入する企業が増える中で，ワーケーションの実施に取り組む企業もでてきました。

　「旅行にいってまで仕事をしてたら，休暇にならないのでは？」という声もありそうですが，欧米では，ワーケーションが当たり前にように行われています。1か月近い長期休暇を取得してバケーションに出かけ，滞在先でプライベートな時間をゆっくり楽しみながら，その間に必要が生じれば仕事に穴をあけないように，電話やメールを使って少しだけ仕事をして，仕事を済ませたら直ぐにまたプライベートタイムに戻る，そんな風に休暇と仕事のメリハリをつけて過ごします。

　2016年にエクスペディア・ジャパンが行った有給休暇消化率の国際比較調査では，日本の有給消化率は50％と，調査対象となった28か国のうち最下位でした。さらに，「有給休暇の取得に罪悪感を感じる」と回答している人の割合も高く，こうした調査結果をみても，日本人は休暇を取ることがあまり上手ではないといえそうです。

　日本でもワーケーションという働き方が広まれば，罪悪感を感じることなく長期の休暇を取得して，家族と一緒に夏休みやお正月にゆっくり帰省したり，海外旅行にも気軽に出かけられるようになり，ワークとライフのバランスをとりやすくなることが期待できます。

　「働き方改革」は「休み方改革」と一体であるとして，政府も年次有給休暇取得率向上に積極的に取り組んでおり，今後，テレワークの普及・拡大が進むにつれて，日本でもワーケーションという働き方が広まっていくのではないかと思われます。

巻末資料1

情報通信技術を利用した事業場外勤務の
適切な導入及び実施のためのガイドライン

1 趣旨

　労働者が情報通信技術を利用して行う事業場外勤務（以下「テレワーク」という。）は，業務を行う場所に応じて，労働者の自宅で業務を行う在宅勤務，労働者の属するメインのオフィス以外に設けられたオフィスを利用するサテライトオフィス勤務，ノートパソコンや携帯電話等を活用して臨機応変に選択した場所で業務を行うモバイル勤務といった分類がされる。

　いずれも，労働者が所属する事業場での勤務に比べて，働く時間や場所を柔軟に活用することが可能であり，通勤時間の短縮及びこれに伴う精神的・身体的負担の軽減，仕事に集中できる環境での就労による業務効率化及びこれに伴う時間外労働の削減，育児や介護と仕事の両立の一助となる等，労働者にとって仕事と生活の調和を図ることが可能となるといったメリットを有する。

　また，使用者にとっても，業務効率化による生産性の向上，育児・介護等を理由とした労働者の離職の防止や，遠隔地の優秀な人材の確保，オフィスコストの削減等のメリットを有している。

　上記のテレワークの形態ごとの特徴を例示すると以下のような点が挙げられる。

① 在宅勤務

　通勤を要しないことから，事業場での勤務の場合に通勤に要する時間を有効に活用できる。また，例えば育児休業明けの労働者が短時間勤務等と組み合わせて勤務することが可能となること，保育所の近くで働くことが可能となること等から，仕事と家庭生活との両立に資する働き方である。

② サテライトオフィス勤務

　自宅の近くや通勤途中の場所等に設けられたサテライトオフィスでの勤務は，通勤時間を短縮しつつ，在宅勤務やモバイル勤務以上に作業環境の整っ

た場所で就労可能な働き方である。

③　モバイル勤務

労働者が自由に働く場所を選択できる，外勤における移動時間を利用できる等，働く場所を柔軟に運用することで，業務の効率化を図ることが可能な働き方である。

さらに，平成27年に独立行政法人労働政策研究・研修機構において実施した「情報通信機器を利用した多様な働き方の実態に関する調査」においても，テレワークの実施の効果について，企業側は「従業員の移動時間の短縮・効率化」（※１），「定型的業務の効率・生産性の向上」（※２）等の点を，労働者側は「仕事の生産性・効率性が向上する」（54.4％），「通勤による負担が少ない」（17.4％）等の点をそれぞれ挙げている。

その一方で，同調査においては，テレワークを行う上での問題や課題等についても挙げており，企業側は「労働時間の管理が難しい」（※３），「情報セキュリティの確保に問題がある」（※４）等の点を，労働者側は「仕事と仕事以外の切り分けが難しい」（38.3％），「長時間労働になりやすい」（21.1％）等の点をそれぞれ挙げている。

特に労働時間の管理や長時間労働の問題については，働き方改革実行計画（平成29年３月28日働き方改革実現会議決定）においても，テレワークが長時間労働につながるおそれがあることが指摘されている。

こうしたことから，テレワークにおける適切な労務管理の実施は，テレワークの普及の前提となる重要な要素であるため，本ガイドラインにおいてその留意すべき点を明らかにしたものである。

（※１）　終日在宅勤務：35.7％，１日の一部在宅勤務：44.9％，モバイルワーク：58.4％

（※２）　終日在宅勤務：35.7％，１日の一部在宅勤務：28.6％，モバイルワーク：54.5％

（※３）　終日在宅勤務：30.9％，１日の一部在宅勤務：42.0％，モバイルワーク：40.3％

（※4）終日在宅勤務：27.3％，1日の一部在宅勤務：28.0％，モバイルワーク：
42.3％

2　労働基準関係法令の適用及び留意点等
（1）　労働基準関係法令の適用
　　　労働基準法上の労働者については，テレワークを行う場合においても，労
　　働基準法（昭和22年法律第49号），最低賃金法（昭和34年法律第137号），労
　　働安全衛生法（昭和47年法律第57号），労働者災害補償保険法（昭和22年法
　　律第50号）等の労働基準関係法令が適用されることとなる。

（2）　労働基準法の適用に関する留意点
　ア　労働条件の明示
　　　　使用者は，労働契約を締結する際，労働者に対し，賃金や労働時間のほ
　　かに，就業の場所に関する事項等を明示しなければならない（労働基準法
　　第15条，労働基準法施行規則（昭和22年厚生省令第23号）第5条第1項第
　　1の3号）。その際，労働者に対し就労の開始時にテレワークを行わせる
　　こととする場合には，就業の場所としてテレワークを行う場所を明示しな
　　ければならない。また，労働者がテレワークを行うことを予定している場
　　合においては，自宅やサテライトオフィス等，テレワークを行うことが可
　　能である就業の場所を明示することが望ましい。
　　　　なお，労働者が専らモバイル勤務をする場合等，業務内容や労働者の都
　　合に合わせて働く場所を柔軟に運用する場合は，就業の場所についての許
　　可基準を示した上で，「使用者が許可する場所」といった形で明示するこ
　　とも可能である。
　　　　また，テレワークの実施とあわせて，始業及び終業の時刻の変更等を行
　　うことを可能とする場合は，就業規則に記載するとともに，その旨を明示
　　しなければならない（労働基準法施行規則第5条第1項第2号）。

イ　労働時間制度の適用と留意点

　　使用者は，原則として労働時間を適正に把握する等労働時間を適切に管
　理する責務を有していることから，下記に掲げる各労働時間制度の留意点
　を踏まえた上で，労働時間の適正な管理を行う必要がある。

　㈎　通常の労働時間制度における留意点
　　(i)　労働時間の適正な把握

　　　　通常の労働時間制度に基づきテレワークを行う場合についても，使
　　　用者は，その労働者の労働時間について適正に把握する責務を有し，
　　　みなし労働時間制が適用される労働者や労働基準法第41条に規定する
　　　労働者を除き，「労働時間の適正な把握のために使用者が講ずべき措
　　　置に関するガイドライン」（平成29年1月20日策定）に基づき，適切
　　　に労働時間管理を行わなければならない。

　　　　同ガイドラインにおいては，労働時間を記録する原則的な方法とし
　　　て，パソコンの使用時間の記録等の客観的な記録によること等が挙げ
　　　られている。また，やむを得ず自己申告制によって労働時間の把握を
　　　行う場合においても，同ガイドラインを踏まえた措置を講ずる必要が
　　　ある。

　　(ii)　テレワークに際して生じやすい事象

　　　　テレワークについては，以下のような特有の事象に留意する必要が
　　　ある。

　　　①　いわゆる中抜け時間について

　　　　　在宅勤務等のテレワークに際しては，一定程度労働者が業務から
　　　　離れる時間が生じやすいと考えられる。

　　　　　そのような時間について，使用者が業務の指示をしないこととし，
　　　　労働者が労働から離れ，自由に利用することが保障されている場合

には，その開始と終了の時間を報告させる等により，休憩時間として扱い，労働者のニーズに応じ，始業時刻を繰り上げる，又は終業時刻を繰り下げることや，その時間を休憩時間ではなく時間単位の年次有給休暇として取り扱うことが考えられる。なお，始業や終業の時刻の変更が行われることがある場合には，その旨を就業規則に記載しておかなければならない。また，時間単位の年次有給休暇を与える場合には，労使協定の締結が必要である。

② 通勤時間や出張旅行中の移動時間中のテレワークについて

　テレワークの性質上，通勤時間や出張旅行中の移動時間に情報通信機器を用いて業務を行うことが可能である。

　これらの時間について，使用者の明示又は黙示の指揮命令下で行われるものについては労働時間に該当する。

③ 勤務時間の一部でテレワークを行う際の移動時間について

　午前中だけ自宅やサテライトオフィスで勤務をしたのち，午後からオフィスに出勤する場合等，勤務時間の一部でテレワークを行う場合がある。

　こうした場合の就業場所間の移動時間が労働時間に該当するのか否かについては，使用者の指揮命令下に置かれている時間であるか否かにより，個別具体的に判断されることになる。

　使用者が移動することを労働者に命ずることなく，単に労働者自らの都合により就業場所間を移動し，その自由利用が保障されているような時間については，休憩時間として取り扱うことが考えられる。ただし，その場合であっても，使用者の指示を受けてモバイル勤務等に従事した場合には，その時間は労働時間に該当する。

　一方で，使用者が労働者に対し業務に従事するために必要な就業場所間の移動を命じており，その間の自由利用が保障されていない

場合の移動時間は，労働時間と考えられる。例えば，テレワーク中の労働者に対して，使用者が具体的な業務のために急きょ至急の出社を求めたような場合は，当該移動時間は労働時間に当たる。

なお，テレワークの制度の導入に当たっては，いわゆる中抜け時間や部分的テレワークの移動時間の取扱いについて，上記の考え方に基づき，労働者と使用者との間でその取扱いについて合意を得ておくことが望ましい。

(iii) フレックスタイム制

フレックスタイム制は，清算期間やその期間における総労働時間等を労使協定において定め，清算期間を平均し，1週当たりの労働時間が法定労働時間を超えない範囲内において，労働者が始業及び終業の時刻を決定し，生活と仕事との調和を図りながら効率的に働くことのできる制度であり，テレワークにおいても，本制度を活用することが可能である。

例えば，労働者の都合に合わせて，始業や終業の時刻を調整することや，オフィス勤務の日は労働時間を長く，一方で在宅勤務の日の労働時間を短くして家庭生活に充てる時間を増やす，といった運用が可能である。(ア)(ii)①のような時間についても，労働者自らの判断により，その時間分その日の終業時刻を遅くしたり，清算期間の範囲内で他の労働日において労働時間を調整したりすることが可能である。

ただし，フレックスタイム制は，あくまで始業及び終業の時刻を労働者の決定に委ねる制度であるため，(ア)(i)に示すとおり，「労働時間の適正な把握のために使用者が講ずべき措置に関するガイドライン」に基づき，使用者は各労働者の労働時間の把握を適切に行わなければならない。

なお，フレックスタイム制の導入に当たっては，労働基準法第32条

の３に基づき，就業規則その他これに準ずるものにより，始業及び終業の時刻をその労働者の決定に委ねる旨定めるとともに，労使協定において，対象労働者の範囲，清算期間，清算期間における総労働時間，標準となる１日の労働時間等を定めることが必要である。

(ｲ) 事業場外みなし労働時間制

テレワークにより，労働者が労働時間の全部又は一部について事業場外で業務に従事した場合において，使用者の具体的な指揮監督が及ばず，労働時間を算定することが困難なときは，労働基準法第38条の２で規定する事業場外労働のみなし労働時間制（以下「事業場外みなし労働時間制」という。）が適用される。

テレワークにおいて，使用者の具体的な指揮監督が及ばず，労働時間を算定することが困難であるというためには，以下の要件をいずれも満たす必要がある。

① 情報通信機器が，使用者の指示により常時通信可能な状態におくこととされていないこと

「情報通信機器が，使用者の指示により常時通信可能な状態におくこととされていないこと」とは，情報通信機器を通じた使用者の指示に即応する義務がない状態であることを指す。なお，この使用者の指示には黙示の指示を含む。

また，「使用者の指示に即応する義務がない状態」とは，使用者が労働者に対して情報通信機器を用いて随時具体的指示を行うことが可能であり，かつ，使用者からの具体的な指示に備えて待機しつつ実作業を行っている状態又は手待ち状態で待機している状態にはないことを指す。例えば，回線が接続されているだけで，労働者が自由に情報通信機器から離れることや通信可能な状態を切断することが認められている場合，会社支給の携帯電話等を所持していても，労働者の即応

の義務が課されていないことが明らかである場合等は「使用者の指示に即応する義務がない」場合に当たる。

したがって，サテライトオフィス勤務等で，常時回線が接続されており，その間労働者が自由に情報通信機器から離れたり通信可能な状態を切断したりすることが認められず，また使用者の指示に対し労働者が即応する義務が課されている場合には，「情報通信機器が，使用者の指示により常時通信可能な状態におくこと」とされていると考えられる。

なお，この場合の「情報通信機器」とは，使用者が支給したものか，労働者個人が所有するものか等を問わず，労働者が使用者と通信するために使用するパソコンやスマートフォン・携帯電話端末等を指す。

② 随時使用者の具体的な指示に基づいて業務を行っていないこと

「具体的な指示」には，例えば，当該業務の目的，目標，期限等の基本的事項を指示することや，これら基本的事項について所要の変更の指示をすることは含まれない。

事業場外みなし労働時間制を適用する場合，テレワークを行う労働者は，就業規則等で定められた所定労働時間を労働したものとみなされる（労働基準法第38条の2第1項本文）。

ただし，業務を遂行するために通常所定労働時間を超えて労働することが必要となる場合には，当該業務に関しては，当該業務の遂行に通常必要とされる時間を労働したものとみなされる（労働基準法第38条の2第1項ただし書）。この「当該業務の遂行に通常必要とされる時間」は，業務の実態を最もよく分かっている労使間で，その実態を踏まえて協議した上で決めることが適当であるため，労使協定によりこれを定めることが望ましい。当該労使協定は労働基準監督署長へ届け出なければならない（労働基準法第38条の2第2項及び第3項）。また，この場合，労

働時間の一部について事業場内で業務に従事した場合には，当該事業場内の労働時間と「当該業務の遂行に通常必要とされる時間」とを加えた時間が労働時間となること，このため事業場内の労働時間については，(ア)(i)に示したとおり，「労働時間の適正な把握のために使用者が講ずべき措置に関するガイドライン」に基づき適切に把握しなければならないことに留意が必要である。

　事業場外みなし労働時間制が適用される場合，所定労働時間又は業務の遂行に通常必要とされる時間労働したものとみなすこととなるが，労働者の健康確保の観点から，勤務状況を把握し，適正な労働時間管理を行う責務を有する。

　その上で，必要に応じ，実態に合ったみなし時間となっているか労使で確認し，結果に応じて，業務量を見直したり，労働時間の実態に合わせて労使協定を締結又は見直したりすること等が適当である。

　なお，テレワークを行わず労働者が労働時間の全部を事業場内で業務に従事する日や，テレワークを行うが使用者の具体的な指揮監督が及び労働時間を算定することが困難でないときについては，事業場外みなし労働時間制の適用はない。

(ウ)　裁量労働制の対象となる労働者のテレワークについて

　専門業務型裁量労働制や企画業務型裁量労働制は，労使協定や労使委員会の決議により法定の事項を定めて労働基準監督署長に届け出た場合において，対象労働者を，業務の性質上その適切な遂行のためには遂行の方法を大幅に労働者の裁量に委ねる必要があるため，当該業務の遂行の手段及び時間配分の決定等に関し使用者が具体的な指示をしないこととする業務に就かせた場合には，決議や協定で定めた時間労働したものとみなされる制度である。裁量労働制の要件を満たし，制度の対象となる労働者についても，テレワークを行うことが可能である。

　この場合，労使協定で定めた時間又は労使委員会で決議した時間を労

働時間とみなすこととなるが，労働者の健康確保の観点から，決議や協定において定めるところにより，勤務状況を把握し，適正な労働時間管理を行う責務を有する。

その上で，必要に応じ，労使協定で定める時間が当該業務の遂行に必要とされる時間となっているか，あるいは，業務量が過大もしくは期限の設定が不適切で労働者から時間配分の決定に関する裁量が事実上失われていないか労使で確認し，結果に応じて，業務量等を見直すことが適当である。

ウ　休憩時間の取扱いについて

労働基準法第34条第２項では，原則として休憩時間を労働者に一斉に付与することを規定しているが，テレワークを行う労働者について，労使協定により，一斉付与の原則を適用除外とすることが可能である。なお，一斉付与の原則の適用を受けるのは，労働基準法第34条に定める休憩時間についてであり，労使の合意により，これ以外の休憩時間を任意に設定することも可能である。

また，テレワークを行う労働者について，本来休憩時間とされていた時間に使用者が出社を求める等具体的な業務のために就業場所間の移動を命じた場合，当該移動は労働時間と考えられるため，別途休憩時間を確保する必要があることに留意する必要がある。

エ　時間外・休日労働の労働時間管理について

テレワークについて，実労働時間やみなされた労働時間が法定労働時間を超える場合や，法定休日に労働を行わせる場合には，時間外・休日労働に係る三六協定の締結，届出及び割増賃金の支払が必要となり，また，現実に深夜に労働した場合には，深夜労働に係る割増賃金の支払が必要となる（労働基準法第36条及び第37条）。

このようなことから，テレワークを行う労働者は，業務に従事した時間

を日報等において記録し，使用者はそれをもって当該労働者に係る労働時間の状況の適切な把握に努め，必要に応じて労働時間や業務内容等について見直すことが望ましい。

　なお，労働者が時間外，深夜又は休日（以下エにおいて「時間外等」という。）に業務を行った場合であっても，少なくとも，就業規則等により時間外等に業務を行う場合には事前に申告し使用者の許可を得なければならず，かつ，時間外等に業務を行った実績について事後に使用者に報告しなければならないとされている事業場において，時間外等の労働について労働者からの事前申告がなかった場合又は事前に申告されたが許可を与えなかった場合であって，かつ，労働者から事後報告がなかった場合について，次の全てに該当する場合には，当該労働者の時間外等の労働は，使用者のいかなる関与もなしに行われたものであると評価できるため，労働基準法上の労働時間に該当しないものである。

① 時間外等に労働することについて，使用者から強制されたり，義務付けられたりした事実がないこと。

② 当該労働者の当日の業務量が過大である場合や期限の設定が不適切である場合等，時間外等に労働せざるを得ないような使用者からの黙示の指揮命令があったと解し得る事情がないこと。

③ 時間外等に当該労働者からメールが送信されていたり，時間外等に労働しなければ生み出し得ないような成果物が提出されたりしている等，時間外等に労働を行ったことが客観的に推測できるような事実がなく，使用者が時間外等の労働を知り得なかったこと。

　ただし，上記の事業場における事前許可制及び事後報告制については，以下の点をいずれも満たしていなければならない。

① 労働者からの事前の申告に上限時間が設けられていたり，労働者が実績どおりに申告しないよう使用者から働きかけや圧力があったりする等，当該事業場における事前許可制が実態を反映していないと解し得る事情がないこと。

② 時間外等に業務を行った実績について，当該労働者からの事後の報告に上限時間が設けられていたり，労働者が実績どおりに報告しないように使用者から働きかけや圧力があったりする等，当該事業場における事後報告制が実態を反映していないと解し得る事情がないこと。

(3) 長時間労働対策について

テレワークについては，業務の効率化に伴い，時間外労働の削減につながるというメリットが期待される一方で，労働者が使用者と離れた場所で勤務をするため相対的に使用者の管理の程度が弱くなるおそれがあること等から，長時間労働を招くおそれがあることも指摘されている。

テレワークにおける労働時間管理の必要性については，(2)イで示したとおりであるが，使用者は，単に労働時間を管理するだけでなく，長時間労働による健康障害防止を図ることが求められている。

テレワークにおける長時間労働等を防ぐ手法としては，以下のような手法が考えられる。

① メール送付の抑制

テレワークにおいて長時間労働が生じる要因として，時間外，休日又は深夜に業務に係る指示や報告がメール送付されることが挙げられる。

そのため，役職者等から時間外，休日又は深夜におけるメールを送付することの自粛を命ずること等が有効である。

② システムへのアクセス制限

テレワークを行う際に，企業等の社内システムに外部のパソコン等からアクセスする形態をとる場合が多いが，深夜・休日はアクセスできないよう設定することで長時間労働を防ぐことが有効である。

③　テレワークを行う際の時間外・休日・深夜労働の原則禁止等

　　業務の効率化やワークライフバランスの実現の観点からテレワークの制度を導入する場合，その趣旨を踏まえ，時間外・休日・深夜労働を原則禁止とすることも有効である。この場合，テレワークを行う労働者に，テレワークの趣旨を十分理解させるとともに，テレワークを行う労働者に対する時間外・休日・深夜労働の原則禁止や使用者等による許可制とすること等を，就業規則等に明記しておくことや，時間外・休日労働に関する三六協定の締結の仕方を工夫することが有効である。

④　長時間労働等を行う労働者への注意喚起

　　テレワークにより長時間労働が生じるおそれのある労働者や，休日・深夜労働が生じた労働者に対して，注意喚起を行うことが有効である。

　　具体的には，管理者が労働時間の記録を踏まえて行う方法や，労務管理のシステムを活用して対象者に自動で警告を表示するような方法がある。

(4)　労働安全衛生法の適用及び留意点

　ア　安全衛生関係法令の適用

　　労働安全衛生法等の関係法令等に基づき，過重労働対策やメンタルヘルス対策を含む健康確保のための措置を講じる必要がある。

　　具体的には，

- 必要な健康診断とその結果等を受けた措置（労働安全衛生法第66条から第66条の7まで）

- 長時間労働者に対する医師による面接指導とその結果等を受けた措置（同法第66条の8及び第66条の9）及び面接指導の適切な実施のための時間外・休日労働時間の算定と産業医への情報提供（労働安全衛生規則（昭和47年労働省令第32号）第52条の2）

- ストレスチェックとその結果等を受けた措置（労働安全衛生法第66条の10）

等の実施により，テレワークを行う労働者の健康確保を図ることが重要である。

　　また，事業者は，事業場におけるメンタルヘルス対策に関する計画である「こころの健康づくり計画」を策定することとしており（労働者の心の健康の保持増進のための指針（平成18年公示第３号）），当該計画において，テレワークを行う労働者に対するメンタルヘルス対策についても衛生委員会等で調査審議の上記載し，これに基づき取り組むことが望ましい。

　　加えて，労働者を雇い入れたとき又は労働者の作業内容を変更したときは，必要な安全衛生教育を行う等関係法令を遵守する必要がある（労働安全衛生法第59条第１項及び第２項）。

イ　自宅等でテレワークを行う際の作業環境整備の留意

　　テレワークを行う作業場が，自宅等の事業者が業務のために提供している作業場以外である場合には，事務所衛生基準規則（昭和47年労働省令第43号），労働安全衛生規則及び「VDT作業における労働衛生管理のためのガイドライン」（平成14年４月５日基発第0405001号）の衛生基準と同等の作業環境となるよう，テレワークを行う労働者に助言等を行うことが望ましい。

(5)　労働災害の補償に関する留意点

　　テレワークを行う労働者については，事業場における勤務と同様，労働基準法に基づき，使用者が労働災害に対する補償責任を負うことから，労働契約に基づいて事業主の支配下にあることによって生じたテレワークにおける災害は，業務上の災害として労災保険給付の対象となる。ただし，私的行為等業務以外が原因であるものについては，業務上の災害とは認められない。

　　在宅勤務を行っている労働者等，テレワークを行う労働者については，この点を十分理解していない可能性もあるため，使用者はこの点を十分周知することが望ましい。

3　その他テレワークの制度を適切に導入及び実施するに当たっての注意点

(1)　労使双方の共通の認識

　　テレワークの制度を適切に導入するに当たっては，労使で認識に齟齬のないように，あらかじめ導入の目的，対象となる業務，労働者の範囲，テレワークの方法等について，労使委員会等の場で十分に納得のいくまで協議し，文書にして保存する等の手続をすることが望ましい。

　　また，個々の労働者がテレワークの対象となり得る場合であっても，実際にテレワークを行うか否かは本人の意思によることとすべきである。

(2)　業務の円滑な遂行

　　テレワークを行う労働者が業務を円滑かつ効率的に遂行するためには，業務内容や業務遂行方法等を明確にして行わせることが望ましい。また，あらかじめ通常又は緊急時の連絡方法について，労使間で取り決めておくことが望ましい。

(3)　業績評価等の取扱い

　　専らテレワークを行う労働者等，職場に出勤する頻度の低い労働者については，業績評価等について，評価者や労働者が懸念を抱くことのないように，評価制度及び賃金制度を明確にすることが望ましい。

　　特に，業績評価や人事管理に関して，テレワークを行う労働者について通常の労働者と異なる取扱いを行う場合には，あらかじめテレワークを選択しようとする労働者に対して当該取扱いの内容を説明することが望ましい。また，いつまでに何をするといった形で，仕事の成果に重点を置いた評価を行う場合は，テレワークの場合であっても事業場での勤務と同様の評価が可能であるので，こうした場合は，評価者に対して，労働者の勤務状況が見えないことのみを理由に不当な評価を行わないよう注意喚起することが望ましい。

　　なお，テレワークを行う労働者について，通常の労働者と異なる賃金制度等を定める場合には，当該事項について就業規則を作成・変更し，届け出な

ければならないこととされている（労働基準法第89条第2号）。

(4) 通信費，情報通信機器等のテレワークに要する費用負担の取扱い

テレワークに要する通信費，情報通信機器等の費用負担，サテライトオフィスの利用に要する費用，専らテレワークを行い事業場への出勤を要しないとされている労働者が事業場へ出勤する際の交通費等，テレワークを行うことによって生じる費用については，通常の勤務と異なり，テレワークを行う労働者がその負担を負うことがあり得ることから，労使のどちらが負担するか，また，使用者が負担する場合における限度額，労働者が請求する場合の請求方法等については，あらかじめ労使で十分に話し合い，就業規則等において定めておくことが望ましい。

特に，労働者に情報通信機器，作業用品その他の負担をさせる定めをする場合には，当該事項について就業規則に規定しなければならないこととされている（労働基準法第89条第5号）。

(5) 社内教育等の取扱い

テレワークを行う労働者については，OJTによる教育の機会が得がたい面もあることから，労働者が能力開発等において不安に感じることのないよう，社内教育等の充実を図ることが望ましい。

なお，社内教育等を実施する際は，必要に応じ，総務省が作成している「テレワークセキュリティガイドライン」を活用する等して，テレワークを行う上での情報セキュリティ対策についても十分理解を得ておくことが望ましい。

また，テレワークを行う労働者について，社内教育や研修制度に関する定めをする場合には，当該事項について就業規則に規定しなければならないこととされている（労働基準法第89条第7号）。

4　テレワークを行う労働者の自律

　テレワークを行う労働者においても，勤務する時間帯や自らの健康に十分に注意を払いつつ，作業能率を勘案して自律的に業務を遂行することが求められる。

巻末資料2

労働時間の適正な把握のために
使用者が講ずべき措置に関するガイドライン

1 趣旨

　労働基準法においては，労働時間，休日，深夜業等について規定を設けていることから，使用者は，労働時間を適正に把握するなど労働時間を適切に管理する責務を有している。

　しかしながら，現状をみると，労働時間の把握に係る自己申告制（労働者が自己の労働時間を自主的に申告することにより労働時間を把握するもの。以下同じ。）の不適正な運用等に伴い，同法に違反する過重な長時間労働や割増賃金の未払いといった問題が生じているなど，使用者が労働時間を適切に管理していない状況もみられるところである。

　このため，本ガイドラインでは，労働時間の適正な把握のために使用者が講ずべき措置を具体的に明らかにする。

2 適用の範囲

　本ガイドラインの対象事業場は，労働基準法のうち労働時間に係る規定が適用される全ての事業場であること。

　また，本ガイドラインに基づき使用者（使用者から労働時間を管理する権限の委譲を受けた者を含む。以下同じ。）が労働時間の適正な把握を行うべき対象労働者は，労働基準法第41条に定める者及びみなし労働時間制が適用される労働者（事業場外労働を行う者にあっては，みなし労働時間制が適用される時間に限る。）を除く全ての者であること。

　なお，本ガイドラインが適用されない労働者についても，健康確保を図る必要があることから，使用者において適正な労働時間管理を行う責務があること。

3 労働時間の考え方

労働時間とは，使用者の指揮命令下に置かれている時間のことをいい，使用者の明示又は黙示の指示により労働者が業務に従事する時間は労働時間に当たる。そのため，次のアからウのような時間は，労働時間として扱わなければならないこと。

ただし，これら以外の時間についても，使用者の指揮命令下に置かれていると評価される時間については労働時間として取り扱うこと。なお，労働時間に該当するか否かは，労働契約，就業規則，労働協約等の定めのいかんによらず，労働者の行為が使用者の指揮命令下に置かれたものと評価することができるか否かにより客観的に定まるものであること。また，客観的に見て使用者の指揮命令下に置かれていると評価されるかどうかは，労働者の行為が使用者から義務づけられ，又はこれを余儀なくされていた等の状況の有無等から，個別具体的に判断されるものであること。

ア　使用者の指示により，就業を命じられた業務に必要な準備行為（着用を義務付けられた所定の服装への着替え等）や業務終了後の業務に関連した後始末（清掃等）を事業場内において行った時間

イ　使用者の指示があった場合には即時に業務に従事することを求められており，労働から離れることが保障されていない状態で待機等している時間（いわゆる「手待時間」）

ウ　参加することが業務上義務づけられている研修・教育訓練の受講や，使用者の指示により業務に必要な学習等を行っていた時間

4 労働時間の適正な把握のために使用者が講ずべき措置

(1) 始業・終業時刻の確認及び記録
　　使用者は，労働時間を適正に把握するため，労働者の労働日ごとの始業・終業時刻を確認し，これを記録すること。

(2) 始業・終業時刻の確認及び記録の原則的な方法
　　使用者が始業・終業時刻を確認し，記録する方法としては，原則として次のいずれかの方法によること。

　ア　使用者が，自ら現認することにより確認し，適正に記録すること。

　イ　タイムカード，ICカード，パソコンの使用時間の記録等の客観的な記録を基礎として確認し，適正に記録すること。

(3) 自己申告制により始業・終業時刻の確認及び記録を行う場合の措置
　　上記(2)の方法によることなく，自己申告制によりこれを行わざるを得ない場合，使用者は次の措置を講ずること。

　ア　自己申告制の対象となる労働者に対して，本ガイドラインを踏まえ，労働時間の実態を正しく記録し，適正に自己申告を行うことなどについて十分な説明を行うこと。

　イ　実際に労働時間を管理する者に対して，自己申告制の適正な運用を含め，本ガイドラインに従い講ずべき措置について十分な説明を行うこと。

　ウ　自己申告により把握した労働時間が実際の労働時間と合致しているか否かについて，必要に応じて実態調査を実施し，所要の労働時間の補正をす

ること。

　特に，入退場記録やパソコンの使用時間の記録など，事業場内にいた時間の分かるデータを有している場合に，労働者からの自己申告により把握した労働時間と当該データで分かった事業場内にいた時間との間に著しい乖離が生じているときには，実態調査を実施し，所要の労働時間の補正をすること。

エ　自己申告した労働時間を超えて事業場内にいる時間について，その理由等を労働者に報告させる場合には，当該報告が適正に行われているかについて確認すること。

　その際，休憩や自主的な研修，教育訓練，学習等であるため労働時間ではないと報告されていても，実際には，使用者の指示により業務に従事しているなど使用者の指揮命令下に置かれていたと認められる時間については，労働時間として扱わなければならないこと。

オ　自己申告制は，労働者による適正な申告を前提として成り立つものである。このため，使用者は，労働者が自己申告できる時間外労働の時間数に上限を設け，上限を超える申告を認めない等，労働者による労働時間の適正な申告を阻害する措置を講じてはならないこと。

　また，時間外労働時間の削減のための社内通達や時間外労働手当の定額払等労働時間に係る事業場の措置が，労働者の労働時間の適正な申告を阻害する要因となっていないかについて確認するとともに，当該要因となっている場合においては，改善のための措置を講ずること。

　さらに，労働基準法の定める法定労働時間や時間外労働に関する労使協定（いわゆる36協定）により延長することができる時間数を遵守することは当然であるが，実際には延長することができる時間数を超えて労働しているにもかかわらず，記録上これを守っているようにすることが，実際に労働時間を管理する者や労働者等において，慣習的に行われていないかに

ついても確認すること。

(4) 賃金台帳の適正な調製

　　使用者は，労働基準法第108条及び同法施行規則第54条により，労働者ごとに，労働日数，労働時間数，休日労働時間数，時間外労働時間数，深夜労働時間数といった事項を適正に記入しなければならないこと。

　　また，賃金台帳にこれらの事項を記入していない場合や，故意に賃金台帳に虚偽の労働時間数を記入した場合は，同法第120条に基づき，30万円以下の罰金に処されること。

(5) 労働時間の記録に関する書類の保存

　　使用者は，労働者名簿，賃金台帳のみならず，出勤簿やタイムカード等の労働時間の記録に関する書類について，労働基準法第109条に基づき，3年間保存しなければならないこと。

(6) 労働時間を管理する者の職務

　　事業場において労務管理を行う部署の責任者は，当該事業場内における労働時間の適正な把握等労働時間管理の適正化に関する事項を管理し，労働時間管理上の問題点の把握及びその解消を図ること。

(7) 労働時間等設定改善委員会等の活用

　　使用者は，事業場の労働時間管理の状況を踏まえ，必要に応じ労働時間等設定改善委員会等の労使協議組織を活用し，労働時間管理の現状を把握の上，労働時間管理上の問題点及びその解消策等の検討を行うこと。

巻末資料　207

<u>巻末資料３</u>

VDT 作業における労働衛生管理のためのガイドライン
（平成14年４月５日基発第0405001号）の概要　（抜粋）

1　対象となる作業

　　対象となる作業は，事務所において行われる VDT 作業（ディスプレイ，キーボード等により構成される VDT（Visual Display Terminals）機器を使用して，データの入力・検索・照合等，文章・画像等の作成・編集・修正等，プログラミング，監視等を行う作業）とし，労働衛生管理を以下のように行うこと。

2　作業環境管理

　　作業者の疲労等を軽減し，作業者が支障なく作業を行うことができるよう，照明，採光，グレアの防止，騒音の低減措置等について基準を定め，VDT 作業に適した作業環境管理を行うこと。

3　作業管理

（1）作業時間管理等

　イ　作業時間管理

　　　作業者が心身の負担が少なく作業を行うことができるよう，次により作業時間，作業休止時間等について基準を定め，作業時間の管理を行うこと。

一日の作業時間	一連続作業時間	作業休止時間	小休止
他の作業を組み込むこと又は他の作業とのローテーションを実施することなどにより，一日の連続 VDT 作業時間が短くなるように配慮すること。	１時間を超えないようにすること。	連続作業と連続作業の間に10〜15分の作業休止時間を設けること。	一連続作業時間内において１〜２回程度の小休止を設けること。

ロ　業務量への配慮

作業者の疲労の蓄積を防止するため，個々の作業者の特性を十分に配慮した無理のない適度な業務量となるよう配慮すること。

(2)　VDT機器等の選定

次のVDT機器，関連什器等についての基準を定め，これらの基準に適合したものを選定し，適切なVDT機器等を用いること。

イ　デスクトップ型機器

ロ　ノート型機器

ハ　携帯情報端末

ニ　ソフトウェア

ホ　椅　子

ヘ　机又は作業台

(3)　VDT機器等の調整

作業者にディスプレイの位置，キーボード，マウス，椅子の座面の高さ等を総合的に調整させること。

4　VDT機器等及び作業環境の維持管理

VDT機器等及び作業環境について，点検及び清掃を行い，必要に応じ，改善措置を講じること。

5　健康管理

作業者の健康状態を正しく把握し，健康障害の防止を図るため，作業者に対して，次により健康管理を行うこと。

(1)　健康診断等

イ　健康診断

VDT作業に新たに従事する作業者に対して，作業の種類及び作業時間に

応じ，配置前健康診断を実施し，その後1年以内ごと1回定期に，定期健康診断を行うこととした。

ロ　健康診断結果に基づく事後措置

健康診断の結果に基づき，産業医の意見を踏まえ，必要に応じ有所見者に対して保健指導等の適切な措置を講じるとともに，作業方法，作業環境等の改善を進め，予防対策の確立を図ること。

(2)　健康相談

メンタルヘルス，健康上の不安，慢性疲労，ストレス等による症状，自己管理の方法等についての健康相談の機会を設けるよう努めること。

(3)　職場体操等

就業の前後又は就業中に，体操，ストレッチ，リラクゼーション，軽い運動等を行うことが望ましいこと。

6　労働衛生教育

VDT作業に従事する作業者及び当該作業者を直接管理する者に対して労働衛生教育を実施すること。

また，新たにVDT作業に従事する作業者に対しては，VDT作業の習得に必要な訓練を行うこと。

7　配慮事項

高齢者，障害等を有する作業者及び在宅ワーカーの作業者に対して必要な配慮を行うこと。

企業名索引

イオンスーパーセンター〔スーパーの店長に在宅勤務を適用した事例〕‥‥‥‥‥174
石巻日日新聞社〔育児期の女性を対象として在宅勤務を導入している事例〕‥‥‥41
江崎グリコ〔役員の問題意識の高さが在宅勤務制度を普及促進させた事例〕‥‥‥161
沖ワークウェル〔中小企業の在宅勤務導入事例〕‥‥‥‥‥‥‥‥‥‥‥‥‥‥‥‥28
　　　　　　〔定期的に在宅勤務を試行している事例〕‥‥‥‥‥‥‥‥‥‥‥‥176
カルビー〔経営トップの強力なリーダーシップにより在宅勤務を導入した事例〕‥‥‥35
　　　　〔在宅勤務をフレックスタイム制と組み合わせて活用している事例〕‥‥‥65
キャリア・マム〔中小企業の情報セキュリティ対策の事例〕‥‥‥‥‥‥‥‥‥‥178
向洋電機土木〔中小企業の在宅勤務導入事例〕‥‥‥‥‥‥‥‥‥‥‥‥‥‥‥‥26
コニカミノルタジャパン〔ワークスタイルの見直しにより働き方改革を進めている事
　　例〕‥‥‥‥‥‥‥‥‥‥‥‥‥‥‥‥‥‥‥‥‥‥‥‥‥‥‥‥‥‥‥‥164
コンピュータシステムハウス〔中小企業の在宅勤務導入事例〕‥‥‥‥‥‥‥‥‥30
佐賀県〔在宅勤務を柔軟な時間の使い方を可能とする制度と組み合わせて活用してい
　　る事例〕‥‥‥‥‥‥‥‥‥‥‥‥‥‥‥‥‥‥‥‥‥‥‥‥‥‥‥‥‥‥61
シスコシステムズ〔通常勤務と同等の成果を出せることを在宅勤務の必須条件として
　　いる事例〕‥‥‥‥‥‥‥‥‥‥‥‥‥‥‥‥‥‥‥‥‥‥‥‥‥‥‥‥169
ジョブサポートパワー〔ツール活用により重度身体障害者の職業選択の幅が広がった
　　事例〕‥‥‥‥‥‥‥‥‥‥‥‥‥‥‥‥‥‥‥‥‥‥‥‥‥‥‥‥‥‥179
テレワークマネジメント〔在宅勤務を柔軟な時間の使い方を可能とする制度と組み合
　　わせて活用している事例〕‥‥‥‥‥‥‥‥‥‥‥‥‥‥‥‥‥‥‥‥‥‥63
東京急行電鉄〔テレワークによるコミュニケーション希薄化防止対策を講じている事
　　例〕‥‥‥‥‥‥‥‥‥‥‥‥‥‥‥‥‥‥‥‥‥‥‥‥‥‥‥‥‥‥173
トヨタ自動車〔育児期の女性を対象として在宅勤務を導入している事例〕‥‥‥‥41
日建設計総合研究所〔中小企業の在宅勤務導入事例〕‥‥‥‥‥‥‥‥‥‥‥‥‥27
日産自動車〔在宅勤務の対象者を全社員に拡大した事例〕‥‥‥‥‥‥‥‥‥‥166
日本航空〔在宅勤務を柔軟な時間の使い方を可能とする制度と組み合わせて活用して
　　いる事例〕‥‥‥‥‥‥‥‥‥‥‥‥‥‥‥‥‥‥‥‥‥‥‥‥‥‥‥‥58
ネスレ日本〔情報セキュリティ対策を図りながら全社員にテレワークを適用している
　　事例〕‥‥‥‥‥‥‥‥‥‥‥‥‥‥‥‥‥‥‥‥‥‥‥‥‥‥‥‥‥177
ネットワンシステムズ〔テレワーク実施者が働きやすい職場環境作りのためにマネジ
　　メント研修を実施している事例〕‥‥‥‥‥‥‥‥‥‥‥‥‥‥‥‥‥‥167

富士通〔残業申請システムを導入して長時間労働を防止している事例〕……………171

明治安田生命保険〔管理監督者にテレワークを体験させたことで部下のテレワークに
　対する理解が浸透した事例〕………………………………………………………163

ユニリーバ・ジャパン・ホールディングス〔在宅勤務の導入にあたり成果主義を徹底
　している事例〕………………………………………………………………………169

ローソン〔男性管理職の積極的な利用が普及のきっかけになった事例〕……………161

〈著者紹介〉

毎熊　典子（まいくま　のりこ）

フランテック社会保険労務士事務所　代表　特定社会保険労務士

特定非営利活動法人日本リスクマネジャー＆コンサルタント協会　評議員・認定講師・上級リスクコンサルタント
一般社団法人日本プライバシー認定機構　認定プライバシーコンサルタント

慶應義塾大学法学部法律学科卒業後，株式会社東芝に入社。電子部品国際事業部法務担当としての勤務を経て，平成14年フランテック法律事務所に入所。平成22年社会保険労務士登録。平成28年よりフランテック社会保険労務士事務所代表。
クライアント企業に人事労務管理にかかわるコンサルティングサービスを提供する傍ら，個人情報保護，ダイバーシティ時代の労務管理，ソーシャルメディア時代の労務リスクマネジメント等を得意分野とし，多方面において講演・執筆活動を行っている。

これからはじめる在宅勤務制度─導入のステップと適正な労務管理

2018年 7 月20日　第 1 版第 1 刷発行
2020年 6 月25日　第 1 版第 7 刷発行

著　者	毎　熊　典　子
発行者	山　本　　　継
発行所	㈱中央経済社
発売元	㈱中央経済グループ パブリッシング

〒101-0051　東京都千代田区神田神保町1-31-2
電話　03 (3293) 3371 (編集代表)
03 (3293) 3381 (営業代表)
http://www.chuokeizai.co.jp/
印刷／文唱堂印刷㈱
製本／㈲井上製本所

© 2018
Printed in Japan

＊頁の「欠落」や「順序違い」などがありましたらお取り替えいたしますので発売元までご送付ください。(送料小社負担)
ISBN978-4-502-27131-1　C3032

JCOPY〈出版者著作権管理機構委託出版物〉本書を無断で複写複製（コピー）することは，著作権法上の例外を除き，禁じられています。本書をコピーされる場合は事前に出版者著作権管理機構（JCOPY）の許諾を受けてください。
JCOPY〈http://www.jcopy.or.jp　eメール：info@jcopy.or.jp〉

●豊富な最新法令を収録！ 読みやすい大型判、最新法令を収録

社会保険労務六法

全国社会保険労務士会連合会編

社会保険制度や労働・福祉制度の大変革が進むなかで、これら業務に関連する重要な法律・政令・規則・告示を使いやすい２分冊で編集。社会保険労務士をはじめ企業の社会保険担当者、官庁、社会福祉、労働・労務管理・労使関係などに携わる方、社会保険労務士受験者の必携書

毎年
好評
発売

■主な収録法令■

社会保険編　憲法＝日本國憲法　健康保険関係＝健康保険法／同施行令／同施行規則／他　厚生年金保険関係＝厚生年金保険法／同施行令／同施行規則／他　船員保険関係＝船員保険法／同施行令／同施行規則／他　国民健康保険関係＝国民健康保険法／同施行令／同施行規則／他　国民年金関係＝国民年金法／同施行令／同施行規則／他　児童手当及び高齢者福祉関係＝子ども手当関係法令／高齢者の医療の確保に関する法律／介護保険法／他　社会保険関係参考法規＝社会保険審査官及び社会保険審査会法／日本年金機構法／確定拠出年金法／確定給付企業年金法／他

労働編　労政関係＝労働組合法／労働関係調整法／他　労働基準関係＝労働基準法／同施行規則／労働契約法／労働時間の設定の改善に関する特別措置法／労働安全衛生法／石綿による健康被害の救済に関する法律／雇用の分野における男女の均等な機会及び待遇の確保等に関する法律／育児休業，介護休業等育児又は家族介護を行う労働者の福祉に関する法律／他　職業安定関係＝雇用対策法／職業安定法／労働者派遣事業の適正な運営の確保及び派遣労働者の保護等に関する法律／高年齢者等の雇用の安定等に関する法律／障害者の雇用の促進等に関する法律／他　労働保険関係＝労働者災害補償保険法／雇用保険法／労働保険の保険料の徴収等に関する法律／他　個別労働紛争解決関係＝民法（抄）／民事訴訟法（抄）／個別労働関係紛争の解決の促進に関する法律／裁判外紛争解決手続の利用の促進に関する法律／労働審判法／他　労働関係参考法規＝社会保険労務士法／労働保険審査官及び労働保険審査会法／行政不服審査法／他

中央経済社